JN064685

高次元存在11人が語る、地球を生きる人々への未来予測

ソラからのメッセージ
まひもとり

Message from

純子

VOICE

はじめに

はじめまして。

チャネラー、スピリチュアルカウンセラーの純子です。

私は、「ライトランゲージ（宇宙語）」という〝光の言霊〟を用いて、さまざまな高次の存在たちからのメッセージを皆さまにつないでいます。

まずは、この広い世界で、こうしてあなたに出会えたこと、そして、高次元の存在たちからのさまざまな愛のあふれるメッセージを一緒にわかち合えることに感謝いたします。

この本は、今日まで精いっぱい歩いてきたあなたへ、宇宙が仕組んでくれたステキな贈り物です。

本書では、「２０２４年以降の世界の予測、そして、新しい世界を生きていくためのヒント」について、さまざまな高次元の存在たちが、ご自身の観点から個性豊かに自由におしゃべりをしてくれています。

今回は、日本の神々からアセンデッドマスター、そして宇宙の存在まで、合計11人の高次元の存在たちが登場してくれましたが、中には、あなたにとってあまり馴染みがない存在もいるかもしれません。

でも、そんな見知らぬ存在であったとしても、実は、長い歴史の中で至近距離からあなたに寄り添いつづけてくれていた魂の大恩人だったりする存在もいるのです。

ではここで、〝ライトランゲージ〟という言葉を初めて聞く人のために簡単に説明をしておきましょう。

ライトランゲージとは、そのまま直訳すると「光の言葉」という意味になりますが、「その人の魂と直結した高い波動をもつ言語」のことであり、また、「ハイヤーセルフの光のバイブレーションそのもの」とでも言ったらいいでしょうか。
この言葉を初めて耳にした人は、まさに〝宇宙語〟のような響きに、とても驚かれるかもしれませんね（笑）。

さて、この私がライトランゲージを本格的にしゃべりはじめたのは、3年前の2020年のことです。

正確に言えば、ライトランゲージを皆さまに向けてセッションにおいて〝通訳〟するようになったのが3年前からですが、実は、東日本大震災が起きた2011年から、睡眠中に毎日のように宇宙会議に出席しては、ライトランゲージで歌ったり、演説したり、討論をしたりしてきたのです。

これについては、こんなエピソードもありました。

ある日、遠方に住む霊能者の友人が電話をしてきて、「純子ちゃん、昨晩、宇宙会議に出ていたでしょ？　あの後、アセンデッドマスターのイエス・キリストが、面白いことを考える女だなぁって感心していたよ！」と、教えてくれたこともありました。

また、子どもたちと一緒に就寝していると、翌朝には「お母さん、昨晩、夢の中で熱弁をふるっとったで！　あれは地球上どこにもない言葉やで。やばすぎるやろ！」と、子どもたちから〝ライトランゲージの寝言〟をしょっちゅうひやかされたりしたものです。

こんな現象が２０１１年から起きていた私ですが、これには理由があったのです。

実は、２０１０年のクリスマスイブに突然、乳ガンの宣告を受けた私は、２０１１年１月末に摘出手術に臨みました。

すると、手術が無事に終わったその日の晩に、目を閉じた途端に病室が突然、異空間にワープしたかのような感覚を覚えたのです。

それは例えるなら、『ドラえもん』のタイムマシーンが突然現れて、私はその中にぐるぐると吸い込まれていったような感覚です。

気がつくと、私はまぶしいほどの光のシャワーが降り注ぐ空間に横たわっていて、頭上から「約束を果たすときが来たぞ〜！」と神様のような声が聞こえてきたのです。

次の瞬間、病室に戻ってきたと思ったら、病室中が大きく揺れはじめました。

その時、私はベッドの上で手術後でまだ傷む身体が大きくバウンドしていたのを覚えています。

その晩は、目を閉じると部屋が激しく揺れることから恐ろしくなり、「きっと、何か大きなことが近々起きるに違いない」ということと、「ついに、私が果たすべきお役目がはじまる」ということを予感したのです。


そして、忘れもしない2011年3月11日、東北の町やそこに住む人々たちが次々と巨大津波にのみ込まれていく様子をTVの画面で目の当たりにした私は、衝撃のあまりテレビの前で正座したまま、食べることもトイレにいくことも忘れて放心状態になっていました。

なぜならば、物心ついた時から毎晩夢に見ていた津波の光景がそこに映し出されていたからです。

それは、いわゆる予知夢でした。

その現実を見た時、「これって私のせいなの?」と、自問自答したものです。

なぜなら、これまで何度も見てきた津波の夢のことや、手術の晩に体験したことなどは誰にも話せなかったので、震災が起きたことが、なんだか自分の責任のように感じられたのです。

すると、その瞬間から、頭の中がかき回されるような感覚に陥り、意識がほぼ1日飛んでしまったようで、やがて日が暮れた頃、帰宅した子どもの呼ぶ声にやっと我を取り戻したのです。


その時から私は、「もう人目を気にして、普通の人のふりをするのはやめよう。自分が決めてきた生き方を、役目を果たしていこう!」と、心に強く決めたのです。

実は、もともと私の父方の祖母が霊能者であり、幼い頃から私自身も見えない世界との対話などは日常茶飯事だったからです。

たとえば、隣の部屋にいる大人たちの心の声なども普通に読み取ることができていたのです。

こうして、この時からありのままの自分を生きると心に決めた私は、以降、さらに夜な夜な睡眠中に、ライトランゲージで歌ったり、しゃべったりするようになったのです。

そして、そこから約10年間、そのような状態を続ける中で、高次のガイドたちによって魂の再調整と、ヒーリング能力・チャネリング能力のセットアップが随時なされていきました。

また、宇宙の法則についても、教わったこともないのに「自分の中にすべてがある。私の師匠は私自身」と、チベットの高僧にでもなったような気分で妙に落ち着きはじめたのです。

それは、まるで1枚の運命のコインをひっくり返すような感覚でした。

コインの裏面を象徴する潜在意識の世界で鍛えて準備されてきたものが、時代の追い風を受けて、一瞬にして表面である顕在意識の世界へと転じて、発動しはじめたような感覚です。

この時、ついに私のハイヤーマインドが、ライトランゲージとともに、「チャネラー純子」として表の世界に現れたのです。


さて、スピリチュアルの世界ではこれからの世界において、さまざまな予言がなされています。

それらの予言について、高次元存在たちは、どのように考えているのでしょうか？

また、今後の世界をどのように生きて行けばいいのでしょうか。


本書のメッセージを読み進めるにあたって、自分の魂のテーマを開花させることができるとても効果的な読み方があります。

それは「はっきりと意図して読むこと」です。


その方法は、とても簡単です。

各存在たちからのメッセージを読む前に、「今から、〇〇〇〇さんのメッセージを通して、自分の魂の開花に必要な、愛と光と気づきのエネルギーをダウンロードします！」と宣言してから読んでみてください。

すると、読んでいる最中には、メッセージの文面からだけでなく、その行間から流れてくる高次元の波動を受けとることができるでしょう。

さらには、自分の魂のテーマや、今生やろうと決めてきた計画、これから思い出して使う能力などの必要な情報がシンクロニシティを通じて受け取れるようになるはずです。

特に、ご自身にピンと来たメッセージをくれる存在とは、どこかであなたと深いご縁があるのかもしれません。

さあ、それでは今から、ライトランゲージの世界にご案内していきましょう。

高次元存在たちの波動のシャワーを思う存分、全身に浴びてきてください。

高波動でピカピカになったあなたと、最後にまた、お会いしたいと思います。

純子

Contents

Layla

No.3

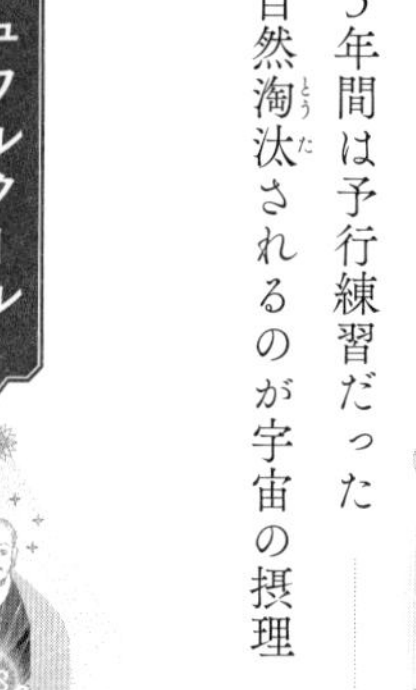

アンドロメダの女神レイラ

Djwal Khul

No.4

ジュワルクール

Contents

Kukurihime

No.5

ククリ姫

Contents

Okuninushi

No.8

大国主命（おおくにぬしのみこと）

En no Ozunu

No.9

役小角（えんのおづぬ）

Contents

この質問に誰が答えてくれますか？

高次元存在たちに一問一答のＱ＆Ａ！

高次元の存在の皆様への質問

2024年以降の世界の予測&生き方について

2024年以降の日本や世界で、
これから何が起きていくかの予測をお願いします。
また、これからの時代の生き方のヒントや
心構えなどもあれば教えてください。

現在、これからの未来について、
この時点でさまざまな予言が出ている中、

ある程度共通した内容が予測されています。
その内容をダイジェストするなら、
「２０２４年以降は日本を含め、
世界的に自然災害やさまざまな危機などに見舞われ、
場合によっては、破壊的な未来を迎える。
しかし、その後に、新しい志を持った人々たちにより
コミュニティを中心に世界の再建がはじまり、
理想的な世の中が訪れる」というものです。

このような未来は実際に起きそうですか？
もし、そのような未来でないなら、
どのようなことが予測されるのか教えてください。

No.1

Sanat Kumara

サナトクマラ

望まぬ未来は変えていける！
タイムラインを変える力が
あることを思い出せ！

アセンデッドマスター。近代神智学においては、1850万年前に金星から地球の創造主の物質界における代理人としてやってきた霊的指導者マハトマのこと。地球における人類の進化を統括していたといわれている。ヒンドゥー教においては、神話・説話に登場する賢人にして、ブラフマーの精神から生まれた4人の子のうちの1人。日本においては、金星から京都の鞍馬(くらま)山の鞍馬寺に650万年前に降り立った護法魔王尊ともいわれている。鞍馬寺の奥の院の魔王殿にはサナトクマラである護法魔王尊が祀(まつ)られている。

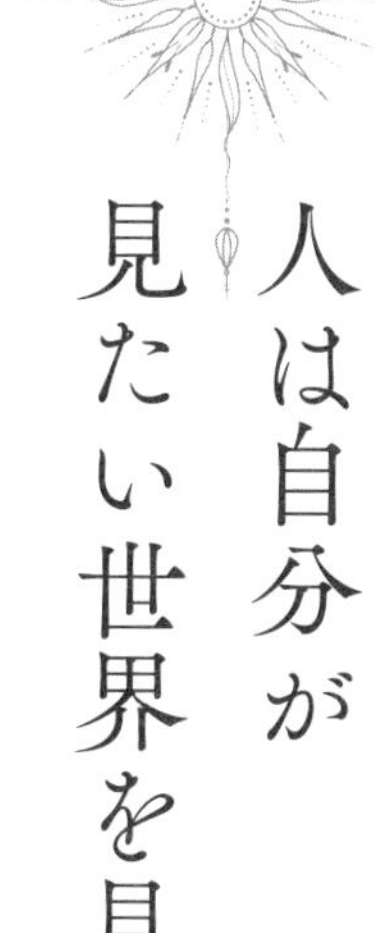

人は自分が見たい世界を見る

これから数年後の地球のシナリオがどうなっていくのか、ということについて多くのことが語られている。

果たして、地球はこれからどのような世界線をいくのであろうか。

まず、基本的に、人々は自分が見たいものを見るようになっている。

かつて、この鞍馬の地に私が理想とする光の都市の計画を降ろした時代は、誰もがこの地上にどのような世界を創造していこうかという思いで、希望に満ちあふれていたものだった。

もちろん、自分たちが降り立った地の光の先祖たちのそのような意識は反映されてきたし、今の時代にまできちんと受け継がれてきた。

たとえば、鞍馬の地に光を降ろしたことで、「レイキ」がこの世界にもたらされた。鞍馬はレイキの発祥の地でもあるのだ。これもこの地上に光が降ろされたことではじまったことの1つであるぞ。

ここでは人は見たいものを見るようになっていると伝えたが、加えて、そなたたちは〝声の大きい者（インフルエンサーや有名人、指導的立場にある人を意味する）〟に影響を受けがちであるということも伝えておくぞ。

これから破壊の時代がやってきて、その後は再生がはじまるというドラマチックなことを多くの者たちが語っているようだが、そこに疑問を感じる者は少ない。同じように、マスメディアでも未来を警告するさまざまな情報を流している。ここで私がはっきり申し上げるが、それらはすべて刷り込みである。

それなのに、そなたたちは、そのような情報をついつい鵜呑(うの)みにするほどまでに自分で考え、感じ取る力が弱まっている。

そして、自分の思い描く未来が自分自身で描けなくなってしまっている。

そなたたちは、どのような世界でありたいのか。どのような日本でありたいのか。

どのような2024年でありたいのか、ということを自ら思い描くことを忘れてしまっているのではないか。


そして、声の大きな者が発する未来の予言をただ一方的に信じて、そこに意識を寄せて執着し、自ら不安に陥っているのだ。

さらには、そのような予言に対して、あまりにも意識を向けてしまうことから、もはや、そのことをなんとかして具現化させるぞ、というようなところまできているのだ。


果たして、それでよいのか？

そうではないだろう？

本来ならそのようなことは、誰もが願わないことなのではないのか？
もし、望まない未来を予言されるのなら、なぜ、その世界線を変えようとしない？

レイキは望む世界を創造するために使え！

ここで少し、〝癒やす〟ということについての誤解も伝えておきたい。
そなたたちは、自分の過去を癒やすことだけに意識を奪われ、麻痺しているようだ。

では、本当の意味での癒やすとはいったいどういうことなのであろうか？

それは、「自分で自分のことを修復し再生させていく」、ということだ。

自分以外の誰かに自分のことを癒やしてもらったり、ヒーリングをしてもらったりするようなものではない。


実はレイキ*というものをこの世にもたらし、そなたたちに伝授したのはこの私、サナトクマラである。

まだこの国が幼かった時代に、私は今のような時代がやって来ることを見越して、レイキを伝えておいたのであるが、実は、レイキを本当の意味で使うのはこれからの時代なのだ。


では、「何の目的でレイキを使うのか？」と問われるなら、それは、「己のことを信じるため。そして、己の中にある希望と光を思い描いて、それらをこの世に現す力を取り戻すため」である。

レイキは病を治すため、心を癒やすためだけにこの世に授けたわけではない。

だから、レイキを使うなら、「自分は何者なのか」ということを思い出すために使ってほしい。
また、自分の望むことを形にして具現化し、この世界を、この国を、自分たちの愛する土地を光の場所へと変えていくために使ってほしい。
私はそのためにレイキを授けたのである。

＊レイキ
手当て療法・エネルギー療法による日本古来の民間療法として知られている。創始者である臼井甕男（うすいみかお）（１８６５〜１９２６）氏が、京都の鞍馬山で断食瞑想（めいそう）の修行をしている際に神秘体験を通して発見したと伝えられている。その後、臼井氏の弟子たちによってハワイ経由でアメリカに伝わり、世界中に普及して発展し、現在の日本ではレイキとして逆輸入されたような形で広まっているヒーリングの手法。

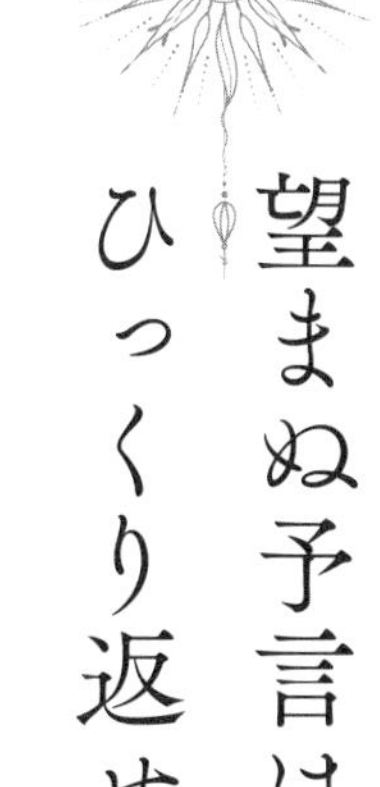

望まぬ予言はひっくり返せ！

しかし、そなたたちは、レイキの正しい使い方をしてこなかったようだ。
そして、声の大きい者たちの発言に心をかき乱されて、守りに入ってしまい、「自分たちは何もできないから、その声に付いていくしかない……」と臆病になってしまった。

今こそ、そのような意識をひっくり返す時だ。
それこそが、そなたたちの〝再生〟なのである。
その再生を行うことが癒やしにつながるのだ。
私は、自分の魂を自分で復活できるような力をそなたたちに与えたくて、この国にレイキをもたらしたのだ。

そなたたち一人ひとりに、そのことを私は伝えたつもりだったのだ。

もし、そんな力が自分の中にあるのなら、なぜ、破壊が訪れるような未来ではなく、希望のある日本の未来にしたいと思わないのか？

たとえ、そなたの希望の未来への思いが小さなものであったとしても、心の底からそのことを強く願い思い描くことができるのなら、きっとレイキの神髄がそこに働きかけるはずなのだ。

すると、そなたたちの中に眠っているＤＮＡの封印が解かれるであろう。

そのための鍵は、このことを信じることだ。

つまり、まずは未来の希望を具体的にイメージして、それを具現化しようと試みることである。

そうすれば、それは起きるようになっている。

それが、この世の仕組みなのである。

なぜ、そなたたちはその力を使おうとしないのか？

この世界を他の誰かが救ったり、助けたり、癒やしたりするというのは幻想である。

なぜなら、現在の世界線を変えるのは、そなたたち一人ひとりなのだから。


だから、自分を信じよ！

日本が今ひとたび、新しい世界線へと移行していくために、今こそ多くの者たちの力が必要である。

己が何者かを知り、大勢が望む世界へのタイムラインにどんどん力を注いでいけば、「日本の未来は○○○になる」などといわれていることも、転じることができるのだ。


さあ、自らの望む姿を望むタイムラインに投影していきなさい！

そんな熱い思いが、そなたたちのＤＮＡのスイッチを入れるであろう。

No.1
Sanat Kumara
— サナトクマラ —

No.2

Hilarion

ヒラリオン

一人ひとりがライトワーカー。
自分だけの“光の色”を
世界に向けて送りなさい！

アセンデッドマスター。7つの光線のうちオレンジ色の第5光線を司る。キリスト教においては、使徒パウロやネオプラトニズムを説くシリアの哲学者イアンブリコスとして出現したとされる。また、3～4世紀には中東のガザに生まれ、聖書の研究に生涯を捧げた人物としても生きたといわれている。神智学のテキスト『道の光』は彼のメッセージとされている。真実探究者やクリエイター、技術者、エンジニアたちへインスピレーションを与える。

光の使い方を思い出して！

あなた方の世界では、集合意識がとても力を持っています。

そこで、２０２４年以降の世界にも、人々の集合意識が大きな影響を与えてくるでしょう。

もちろん、これまでの人類の長い歴史において、あなた方は「自分たちには力がない」と洗脳されただけでなく、あえて無気力にもされてきました。

そして、歴史の中で、あなた方を支配する権力者から降りてくる指示をただ仰ぐだけという「指示待ち」の状態に慣れてしまったのです。


だからこそ、多くの高次元の存在たちがあなた方をサポートしてきたのです。

あなた方がそのような長い眠りについている間、影からさまざまな存在たちが懸命にサポートを行ってきました。

その中でもこの私、ヒラリオンは、あなた方に「光の使い方」を授けてきました。

あなた方一人ひとりに、「自分たちは光の存在である」ということを思い出してもらうために。

なぜなら、あなた方はこの世界の創造の源から光の存在としてやってきたからです。

あなた方は、「光と闇」と言いますが、「闇は悪で光は善」だと信じていますか？

きっと、あなた方の光に対するイメージは、愛や希望を感じるものだと思います。

そして、闇に対するイメージは、その反対でしょう。

さて、私たちアセンデッドマスターたちは、それぞれが担当する光の色を持っているのですが、それは私たちだけなのでしょうか？

そうではないのです。

あなた方の魂にそれぞれ個性があるように、あなた方にもそれぞれの光があるのです。

だから、その光を結集してこの世界に自身の光を投げかけてみてください。

すると、光が投影されたときに、この世界において、「闇は闇という役割を演じているだけ」ということをあなたは知ることになるでしょう。


もちろん、光だけでできた世界は素晴らしいものではあるでしょう。

けれども、この宇宙の中でも地球という独特な星は、あなた方が「最高！」と呼べる部分から、「最低！」と嘆くほどの光と闇のグラデーションで構成された世界なのです。

だから、あなた方はそのどこの部分にフォーカスを置くかがポイントになってきます。

そして、その上で自身がフォーカスした世界で生まれてきた意義を見つけてあなただけの光を保ち、その光をどのように使いこなしていくのか、ということが大きなテーマになっていくのです。

あなた方には光のソースからやってきた、という自覚を持っていただきたいのですが、私はそれと同時にご自身だけの光を扱っていただきたいのです。

意識するだけで光を送ることができる

そこで、光を送るための方法ですが、こうでなければならないというものはありません。

また、このようなプロセスを経なければならない、というようなものでもありません。

また、光を扱うための資格やディプロマなども関係ありません。

あなた方は、何かと「自分の霊性をどのように高めるべきか」などを確認したがりますが、その必要もありません。

ただ、あなたが「そこに光を送るんだ！」と意識しただけで世界は変わっていくのです。

ぜひ、このことを自覚してほしいのです。

そして、光を送る際には私、ヒラリオンを呼んでくださってもいいのです。

あなたが私を呼べば、私たちはすぐにつながることができるのですから。

光を送るときには、ただ「私は光です！」と宣言してください。

どうか、「自分にはそんなことはできない」「そんな資格を持っていない」などと思わないでください。

また、もし将来的に地球のどこかで何か災害などが起きたとしても、そのことについて過剰に心配したり、不安や恐怖、痛みを感じたりして共鳴しないでください。

そうすると、よけいに傷口が開いて痛みが広がってしまうだけです。

その代わりに、「私は光を送ります！」という立場を取るのです。

そして、もし災害によるダメージがあるのなら、「その場所は、復興・復旧していくことができます」という意識で光を送ってほしいのです。

これは、あらゆるすべての人が使うことのできるスキルです。

あなた方は転生を繰り返す中で、光を使うことをただ忘れてしまっただけなのです。

今後、２０２４年以降は、この世界にさまざまな場面がやってくるでしょう。

ただしそれは、あなた方が望んだタイムラインがやってくるということです。

世界中で起きる大きなイベントから小さなイベントまで、あなた方の集合意識が一瞬一瞬を選択しているのです。

それは、ほんの一瞬のことです。

ほんの一瞬で、違うタイムラインに変わっているのです。

ネガティブな出来事の悪者探しはしないで

また、1つお願いがあります。

それは、何かネガティブなイベントや事件などが起きたとしたら、「誰がどうしてこんなことを起こしたのだろう?」とか「背景には闇の勢力があるのでは……」

などと、そのイベントに関する〝悪者探し〟をするのはやめてほしいということです。

たとえ、もし起きてしまったネガティブな出来事に複雑な思いを抱くことがあったとしても、そのイベントに関わるすべての存在を俯瞰（ふかん）する立場になって光を送ってあげてください。

私たちがいつもそうしているように。

これから、そんなことを行っていくのがあなた方の新しいミッションでもあるのです。

それがあなた方の新しい生き方なのです。

あなた方は、怖い、悲しい、つらいなど負の感情や罪悪感などに対して、その傷口を広げることがとても得意ですね。

当然、あなた方がそうなるように助長してきた存在もいたのは確かです。

でも２０２４年から、そのような存在は少なくなっていくでしょう。

今の時代は、これまでのネガティブなエネルギーを大きく転じていくタイミングです。

だから、今後は何が起きようとも、「宇宙は、この出来事を自分に見せてくれているんだ！」と思うようにしてください。

つまり、そのようなイベントさえも自身の１つの経験値として客観的に受け止めるようにするのです。

そして、そのイベントに光を送るのです。

すると、その傷口は大きくならずに、小さなイベントで終わるはずです。

逆に、そこに悟りや気づきが起きれば、そこからポジティブなエネルギーが大きく広がっていくのです。

今はまだ、あなたがたは、そのようなことが下手だし、〝怖いもの見たさ〟で不安なエネルギーを使うのがとても上手です。

でも、２０２４年からは、そんなエネルギーの使い方も逆転していきます。

不安や恐怖を喜びや希望、感謝、地球に対する畏敬の念などのエネルギーに転換していきます。

それは、マザーガイアである地球が描いたタイムラインでもあるのです。

どうか、皆で思いを1つにして光を送ってください。

光を送る際には、平和の象徴であるグリーンの光をイメージするといいでしょう。

黄金の光をイメージするのもおすすめ

黄金の光もイメージするとよいぞ。

やはり、人間界における最も波動の高い色は黄金であるからな。

いつか、そなたたちの経済のシステムも黄金色に戻るはずじゃ。

それはつまり、この星の歴史は黄金からはじまった、ということでもある。

この星で人間たちは黄金によって迷い、争い、利用され、自分を失うこともあった。

けれども、ようやく真の黄金の時代が戻ってくるのだ。

今後、貨幣から金に戻っていく、ということもその象徴であるぞ。

No.2
Hilarion
— ヒラリオン —

No.3

Layla

アンドロメダの女神レイラ

どんな未来も自由自在。
これからが本番だから、
コロナ禍の3年間のレッスンを
生かして！

著者である純子とアンドロメダにおける過去生を共有したことがある。レイラはアンドロメダでは女王的な存在。純子は、現在もこの地球次元の自分自身とは別にアンドロメダでももう1人の自分が存在していて、レイラと一緒に活動している。アンドロメダは創造性、エンターテイメントが強い性質があり、大勢の集合意識をまとめて導くことができるという特性を持つ。

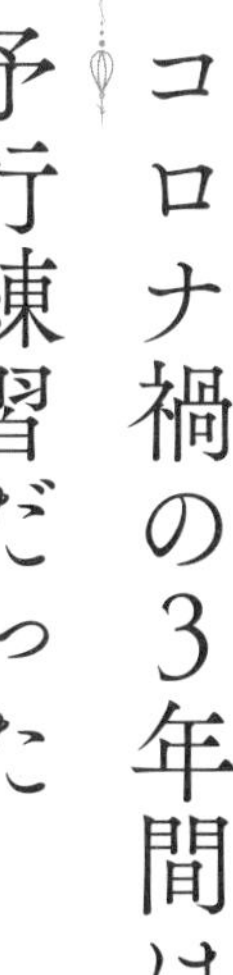

コロナ禍の3年間は予行練習だった

どのようなタイムラインにいくのも、あなた方の自由です。

たとえば、地球は過去3年間（新型コロナウイルスによるパンデミックのコロナ禍）の時間をかけて調整をしてきました。

この期間で、あなた方の意識はとても変わったのではないでしょうか。

この間、私たちは「地球は、大変そうね！」とただ見ていただけだと思いますか？

そうではありません。

実は、この3年という時間の長さについても、あなた方があまりにも恐怖を抱い

てしまったことから、3年もの時間がかかってしまったのです。

本来なら、ここまで大きなイベントにまで発展せずに、小さなイベントで終えられたはずなのです。

地球は、本来なら、いらないものを取り除くことで、もっと軽くなり、小さなイベントで終えることができたはずなのです。

つまり、3年間もかかったというのは、あなた方の力がそうさせてしまったのです。

あなた方すべてがそうさせたのです。

だから、何に力を注ぎ、何にフォーカスするのかが大切です。

さらに申し上げると、実は、過去の3年間はこれからの予行練習でもあったのです。

それは、あなた方が意識の使い方をどこにフォーカスしていくか、というレッスンだったのです。

これからは、輪廻転生(りんねてんしょう)を経験しない新しい子どもたちが地球にたくさん送り込まれていきます。

それは、私たち宇宙種族からの地球へのギフトです。愛の証です。

この宇宙は、どれほど地球のことを愛おしく思ってきたことでしょう。

そのことを知っていて、あなた方の母、マザーガイアは決意をしたのです。


しかし、この3年間で多くの学びを得た人もいたことでしょう。

ある人はより自由を得たかもしれません。

また、ある人は、自分の中の無限の可能性に気づいたかもしれません。

この世界は「マトリックス（支配された仮想空間の中での現実）」のようなものであり、ただの幻想だと気づいた人も多かったようですね。


あなた方はわからなかったかもしれませんが、この3年間という期間、私たちはあなた方がそのような気づきを得るように一緒にいたのです。

もちろん、私たちの存在は、あまりにも微細で高次の周波数から成るがゆえに、あなた方からは見えないのですが、私たち宇宙種族の多くがこの3年間、地球に関わってきたのです。

先ほど、過去3年間は予行練習の期間だったとお伝えしましたね。

つまり、これからの未来のイベントに関しても、あなた方の意識のフォーカス次第で、そのイベントのタイムラインが短くもなり、長くもなるということです。

私たちからすれば、この3年間は〝まばたき〟のようなものだったかもしれません。

でも、この3年間で多くの人々が学び、そして悟りました。

目を覚ましたのです。

あなた方は〝目からウロコ〟という表現を使いますが、そのような感覚で魂の自由を得た人が多かったのではないでしょうか。

古いものは自然淘汰されるのが宇宙の摂理

そして、これからが本番です。

あなた方は、これから直面するイベントを瞬きのように一瞬で終えるのか、それともいつまでもそれを引き起こした者を探そうと悪者探しをはじめたり、または、力でそのイベントをねじ込み、蓋をしようとしたりするのでしょうか。

どちらにしても、そのようなやり方はもう無理です。限界を迎えています。

それよりも、同じイベントなら、多くの解放と喜びのイベントにしていきましょう。

たとえば、緑豊かな美しい庭があったとしましょう。

そして、その庭には水を撒く（ま）ための古いスプリンクラーがあると仮定しましょう。

でも、そのスプリンクラーは、あまりに古いために水の管の内部が朽ちて腐ってしまっていて、撒かれる水に毒が混ざってしまうのです。

そうすると、その庭にある木々や花、植物たちは、そのスプリンクラーから撒かれる汚染水に喜ぶでしょうか。喜びませんよね。

その庭で花や植物たちがすくすく育ち、自然の循環が行われるためにも、その古いスプリンクラーは処分されるべきですよね。

古いものは自然淘汰される。それが宇宙の摂理です。

そこには悪も善もありません。

ただ、それぞれを演じるキャストたちが自分の役を通して、何をどう見せているか、ということなのです。

災害など何か破壊的なことが起きた場合、それについて「神々がお怒りになったから」などのシナリオをたきつける者たちもいます。

でも、2024年からはそのようなことに対応している時間はもうありません。

これからはあなた方が、〝美しい庭〟を取り戻すために汚染水が出るような古いスプリンクラーを取り除いていくのです。


どんな未来にするかは、自由自在です。

あなた方の想像する力は思っている以上にパワフルであり、この世界線を大きく左右させているということを知っておいてください。


大事なことは、「何が起きる」ということではなく、あなた方がそれを選ぶのです。

すると、選んだ通りになっていくでしょう。

そのことに気づいたときに、あなたは大いなる力を取り戻すのです。

これが私たちと共に行う本当の共同創造です。

No.4

ジュワルクール

もう、かつての占星術は
時代に合わない!?
これからは、自分だけの羅針盤を
使いこなす時代へ。

アセンデッドマスター。人類に天体の星を読み解き自身のことを知る占星術を授けた。かつて、地上ではチベットの秘教を体得したチベット人高僧であったともいわれている。また、イギリスの神秘主義者で神智学を探求した現代のニューエイジ及びスピリチュアルの祖であり、占星術をこの世界に広めたアリス・ベイリーがチャネリングでジュワルクールのメッセージを受け取っていたとされている。

オリオンからのエネルギーを降ろしたのは戦いを終わらせるため

この星の歴史を思い出してください。

かつて、古代エジプトのスフィンクスの上空にはオリオンの星が浮かんでいました。

そのエネルギーを地上に降ろしたのはこの私、アセンデッドマスターのジュワルクールです。

私は、何のためにそれを行ったのでしょうか?

それは長く続いてきた戦いを終わらせるため。

長い歴史の中で、宇宙種族たちの中には、宇宙で決められたルールに従わずに道を踏み外し、傲慢になることで無謀な戦いの挑戦に挑む者たちも出てきました。
結果的に、そんな好戦的な者たちの中には自分の星を失うことになってしまった者たちも多かったのです。
そして、そのような転生を持つ者たちがオリオン星からエジプトに降り立ったという歴史については、すでにご存じの人もいることでしょう。

つまり、「戦いを終わらせる」というのがこの星のテーマの1つでもあるのです。
それなのに、この星では依然として戦いの歴史が延々と続いてきたのも事実です。

それはなぜでしょうか？

それは、その時代を生きる民たちが時の権力者に対してあまりに従順になりすぎたからです。そして、自らを無力化してしまったからです。

そんな支配者と被支配者としての関係が長く続いてきました。

こうして、長い時間をかけて人々の意識の中には「自分たちには力がない」「自分たちは何もできない」という洗脳が植え付けられてきたのです。

そして、多くの人々は〝情報を流す者〟たちを求めて崇め、そんな彼らにすがってしまうことになってしまったのです。

その結果、今日の地球はこのように病んでしまったのです。

6千年の時を経て受け継がれた占星術

私、ジュワルクールは占星術のマスターです。

今日、私がこのような話をするのは、これから、宇宙の親愛なる友であるあなた方がこの日本という国をけん引していくという特別なる役割を持った方たちだからです。

かつて、眠れる人々の目を覚まし、覚醒するための種を投じたのは、あなた方自身です。

特に、深い眠りの中にいた日本人に向けて、あなた方は種を蒔いていたのです。

この世界は〝声〟でできています。

だからこそ、声を通して、この世界は簡単に変えることもできるのです。

これまでは、情報という名の声がこの世界を支配し、あなた方を振り回してきました。

けれども、２０２４年から重要になってくるのは情報ではありません。

もちろん、今は占星術的に見ても、「風の時代」であることから、情報もよりかろやかに飛び交う時代にはなっています。

しかしこれからは、ある情報が流れてきたとしても、その情報の波動を感じ取ることで、「これじゃない！」という感覚もわかってくるでしょう。

そしてこれからは、声の持つ波動、いわゆる、〝言霊〟が世界線を変えていくことになります。

では再び、ここで地球の歴史の話に戻りましょう。

地球の歴史は、巷（ちまた）でいわれているように「シュメール文明（紀元前3500年頃の地球最古の文明であり、メソポタミア文明の基礎をつくったといわれている）」からはじまったものではないことをご存じの人も多いことだと思います。

この本を読まれるような方は、この世界をひっくり返す〝仕掛け人〟でもあるのです。

歴史の中には、占星術師、いわゆる「星読み人」が常に存在してきました。

彼らは、その時代を治める王室に参謀として雇われ、預言者や賢者として、王の

右腕となり国家を裏から支えてきた存在です。

そんな星読みの知恵が、なぜ、6千年という歴史を経て今の時代に生きるあなた方にまで伝わってきたのでしょうか？

誰もがハートの中に星の羅針盤を持っている

実は、あなた方一人ひとりのハートの中には、それぞれあなただけの星読みの展開図、つまり、天体のチャートが入っています。

そして、あなた方はその自分だけの星のチャートを使って未来を具現化する力を持っているのです。

あなた方は、占星術を用いると、「当たっている！」「その通りになった！」などと言いますね。

占星術を用いて、過去を振り返ることも大好きですね。

また、自分の本質・特性などを占星術の知識を知ることで、その通りだと確信するし、これからの未来についても占星術に頼ろうとします。

私は何のために、この6千年の間、神秘学・神智学と共に占星術を伝えてきたのでしょうか。

なぜ、占星術がこの時代の中ですたれることなく、現代まで受け継がれてきたのでしょうか。

それは、あなた方が占星術を自分で使ってきたからです。

あなたの人生において、イベントを起こしてきたのは占星術ではなく、あなた自

身なのです。

要するに、あなた方の占星術の捉え方はまったく逆なのです。

あなた方は、自分のハートの中にある宇宙の羅針盤を読み解きながら、自分自身で現実を具現化してきたのです。

あなただけが持ったった1つのチャートを読み取ることで、この世界はその通りにホログラム状に形作られながら、あなたは自分だけの人生の旅を歩んできたのです。

占星術の導きではなく、自分で人生を歩んでいる

これは、私からあなたへの愛の証であり、贈り物です。
私は地球の人々を愛しています。
だからこそ、占星術という叡智を贈ったのです。

占星術があなたを導いたのではありません。あなたが自ら自身の天体のチャートを読み解いて、自分のものにしてきたのです。
占星術がすごいのではありません。

あなた方は、「○○座だから、性格は○○だ」とか、「この期間は、○○の星が逆行しているから、こうなっている」などと感心していますが、古代と現代とでは星の配置も変化してきています。

そのような状況の中で、あなた方は集合意識にある大いなる知恵にもアクセスして、それを取り込んで具現化してきたのです。

だから、どうか未来を憂うのではなく、宇宙からのギフトを受け取りながら、宇宙から見れば瞬きほどしかない自分の今生を愛おしみながら日々を過ごしてほしいのです。

そうすることで、あなたの目の前に新しい現実のホログラムが具体的に形を伴ってやってくるからです。

これは、あなたが転生の中で旅を送りながら、続けてきたことでもあるのです。

あなた方は、集合意識の中に呑み込まれ巻き込まれて、その中で右往左往しながらやってきたわけではありません。

では、改めてこれからの未来はどうなっていくのでしょうか。

２０２４年からの世界はどうなっていくのでしょうか。

それを気にするのならば、まずは、自分だけの天体の配置図、羅針盤をあなたが持っていることを思い出してください。

それがあなたの地上での人生を形作っているのですから。

それが、占星術というものなのです。

そしてこの私が、占星術の使い方をあなた方に訓練してきたのです。とはいえ、これも、あなたの背中を押すためのたった1つの知恵にすぎないのです。

自分のチャートの読み方のコツ

さて、自分だけが持って生まれた天体のチャート、羅針盤を生かすコツを知りたい人もいるでしょう。

そのヒントとして、まず、自分だけの天体のチャートは、あなたの「人生の地

図」です。

このチャートについてお伝えしておくなら、たとえば、ある人がこの人生で乙女座だとすると、輪廻転生の中で同じ魂であろうとも、ずっと乙女座を繰り返してきたわけではないということです。

ある魂は、ある転生では蠍座だったかもしれないし、ある転生では牡羊座だったかもしれません。

魂は、転生のたびにその都度、自身の羅針盤を持ちながら、長い年月の中で力を蓄えてきたのです。

その繰り返しの中で、あなたはいろいろな側面から統合されてきているということです。

だから、先ほども申したように、今生の自分が乙女座だとしても、「乙女座は、○○の傾向があるから、○○だ」という占いは、もはや、当てはまらなくなってきているのです。

つまり、どういうことかと言うと、あなたは「天体のチャートの通りに生きなくてもいいし、チャートを自由に使ってもいい」ということです。

また、12星座を基本とする西洋占星術の場合、その人のチャートがかなり詳細だったりします。

たとえば、「ある人が生まれた時に太陽が乙女座であり、月は○○座であり、火星は○○座であり、金星が○○座である〜〜」というようなチャートがあることはご存じでしょう。

でも、それらに対応する詳細な星読みの知識があったとしても、2024年からはそれらがもう当てはまらない、という時代なのです。

ではなぜ、そのような時代になってくるのでしょうか。

それは先述の通り、星の配置が昔と今では少しずつ違うということに加え、あなた方の集合意識の影響力がとても強くなっているからです。

だからこそ、これからの時代にふさわしいチャートの使い方をお教えしましょう。

それは、自分の中に「こうなりたい！」という願望があり、展開されているチャートの中で「ここを使いたい！」という箇所があれば、そこだけをフォーカスして使うのです。

要するに、「この特定の夢を叶(かな)えるために、このタイミングにパワフルになるこの星のこのエネルギーを選んで使う」、というような形でフォーカスをするのです。

これがこれからの占星術の使い方です。

あなたには、自分のチャートをそのような形で使うことができることも知っておいてほしいのです。

あなた方にはそんな力だって備わっているのです。

新しい時代だからこそ、占星術の新しい使い方であなたらしい人生を生きてください。

No.5

Kukurihime

ククリ姫

**今、すべての人がもう一度
“産湯”に浸かるとき。
ぬくもりの中にいると、
戦う意欲は消えていく。**

キクリヒメ（菊理媛）とも呼ばれる。『日本書紀』に登場する女神。神話の中では、イザナギノミコトとイザナミノミコトの夫婦の喧嘩（けんか）を仲裁したとして、縁結びや和合の神、豊穣の神として知られている。白山神社の総本社である白山比咩（しらやまひめ）神社をはじめとする全国約3000社で祀られている神で龍神とも縁が深い。瀬織津姫同様に謎の多い神でもある。

厳しい父の視点でなく、見守るような母の視点になる

今日、このようにして私がこの場に参加できることをとてもうれしく思っています。

あなたもご存じのように、この日本という土地の磁場から、さまざまなモノやコトが世界中に広がっていっています。

そんな中、これからは、過去にあった古いものがこの国でよみがえり、また、この国に集まってくることでしょう。

日本人は、おだやかで平和を愛し、譲り合いができて、勝ち・負けや正しい・間違っているなどにもこだわらない人たちです。

また、何かあっても相手を責めることもせずに、互いが理解しあえる愛にあふれた人々が暮らすのがこの日本という国なのです。

そのような人々にとって、今後、心を痛めるような出来事が起きたときには、そのことに同情して悲しみ、自分に何かできることはないだろうかと考えることでしょう。

そのときには、ぜひ、一呼吸置いていただきたいのです。

あなたはその出来事を父親のような目で見ていますか？

それとも、母親のような目で見ていますか？

もし、あるネガティブな出来事が起きた場合、それに対して正義感に追い立てられるように、「私がなんとかしなければ！」「間違いを正さなければ！」と感じたりする人がいるならば、それは父親としての目線を持つ人でしょう。

でも、そのような視点は必要ありません。

どうか、私とひとつになり、母のような、女神のようなまなざしになってほしいのです。

ただその出来事に寄り添い、大きな懐にかきいだくような心で大目に見てください。

どうか、母親のような大いなる包容力でそのことを見守ってあげてください。

復興のための知恵は必ず授けられる

あなた自身が何かそのことに対して自らアクションを起こさなくても、正そうとしなくても、正義をかざさなくてもいいのです。

そのことに関わる人々自らが気づき、立ち上がり、復興していくものなのです。

そのための知恵は必ず授けられるのです。

だから、忍耐強く見守るのです。

これまで長い間、この世界は主に父親の視点を持つ男性性が支配することで成り立ってきましたが、もうそんな時代も終わりです。

だから、慈愛にあふれた母性のエネルギーで、どうかこの星をやさしく抱いてください。

その時にはじめて、勇ましい争いのエネルギーが溶け出していくのです。

人は温かいお湯に浸かると、戦闘意識などはなくなっていくものなのです。

これからは、女性性でこの星をくくってください。

今、すべての人がもう一度、生まれた時のように産湯を使うのです。

さあ、もう一度、産湯の中で溶けておしまいなさい。
私は、あなた方一人ひとりのために産湯を用意していますよ。

これから、何か望まないことが起きたとしても、それを終わらせようとするのではなく、また、正そうとするのでもなく、ただただ、産湯に浸かっているときのようなぬくもりを感じてください。

そして、そのぬくもりに包まれながら、大きなふところで抱きながら、ただ見守ってあげてください。

あなた方の中には、「産湯のようなぬるま湯に浸かって相手を見守る」という意味が少しわかりづらいと思う人がいるかもしれませんね。

また、「そのような温かさで相手を抱くことで、相手も戦う意欲がなくなる」ということも、少し具体的には聞こえないかもしれません。

これは、これからの世界の在り方が変わる、ということとも大きく関係しているのです。

たとえば、将来的には人と人とのつながりやコミュニケーションの方法も、今のようなデジタル化された形ではなく、より原始的なスタイルになっていきます。

情報の伝達方法が想像を超えた新しいものになる

将来的には、縄文時代の社会に戻るような「縄文回帰」のような時代が訪れるでしょう。

具体的に言えば、たとえば、自分の住んでいる村のすぐ隣村で何が起きているかわからないような時代が来るのです。

だから、もし、あなたの住んでいる村の隣村が戦争に巻き込まれて戦火の中にいようとも、その隣に住むあなたの村が平和なら、あなたの村の人々はそんなこともつゆ知らず、平和かつ幸せでいられるのです。

そのような村、つまりコミュニティの集落がたくさん出来上がったときにどうなるかと言うと、もう、情報に操作されないような社会が出来上がっている、ということです。

つまり、今のようなマスメディアやインターネットなどのように、一局や一か所から瞬時に情報が世界中に広がっていくようなこともなくなるのです。

将来の情報の伝達方法は、今のあなたたちが想像もできないような方法で行われる時代がやってくるのです。

私はお湯という言葉を使ってきましたが、日本にはたくさん温泉がありますね。そこにも、すべて解決策があるのですよ。病気の治癒の仕方なども、これからは原点に戻っていくことでしょう。

危機を恐れているあなた方ですが、あなた方にある日突然、危機が訪れたとき、ようやく自分に意識を向けるようになるのです。

そして、そのことがやがて自然と一体となり共生し、自分の五感を取り戻して使うことで生きる社会へと導かれるのです。

それらを経てあなた方は、再び空気の流れを感じとり、土の匂いを感じ取る日がやってくるのです。

縄文回帰といえど、ハイスペックな時代へ

では、そんな新しい社会はいつ頃やってくるのでしょうか？

私からは約30年後の世界だとお伝えしておきましょう。

そして、このような社会の在り方に関して、まず日本が世界に対してお手本を見せることになるでしょう。

このようなことが可能な本質が日本人のＤＮＡに仕掛けられ、組み込まれているのです。

また、〝縄文回帰〟と申しましたが、古い時代に逆戻りするというよりも、その

内容はとてもハイスペックなものになるでしょう。

それは、テクノロジーの進歩によるハイスペックなものというよりは、あなた方の五感がより発達することで、人間としての機能がより進化することによる人間のスペックが上がっていくということです。

もちろん、そんなあなた方がさらに新しい技術を創造していくので、結果的にテクノロジー的にもハイテクな世界にはなるでしょう。

近未来は、今の時代では考えられないような新しいマテリアル（素材）、手法、プロダクト、アイディアなどが導入された産業なども発達していくでしょう。

その中の幾つかは、すでにもう今の時代の日本の方が数人、気づいていますよ。

ぜひ、楽しみにしておいてください。

この世界のはじまりと終わりをくくる、私、ククリヒメがこれからのあなた方をずっと見守っていますよ。

日本&日本人が世界の中で特別な理由

ここでサナトクマラが登場

ここで私からも、一言言わせてほしい。

少し話は変わるが、日本と日本人が語られるときに、「思いやりと協調性のある日本人は素晴らしい」「日本が世界の中心になる」と語られることがある。

そのときに、「日本人は自分たちのことを誉めすぎではないか」「日本人だけ特別だと思っていないか」という声が上がることも知っておる。

実は、この私自身も、かつてこの地上に生きた時代を含め、この国である日本を愛してきた1人である。

こういった意見について私からお答えするなら、「日本人だけが特別」というのではなく、単純にそれは日本人の遺伝子の問題なのである。

そなたたちが「ＹＡＰ遺伝子*」と呼ぶような、平和を愛する遺伝子がベースにあるからである。

そなたたちの平和を大切に思うという性質の遺伝子は、より危機的で大変なときにこそ発動するようになっているのだ。

＊ＹＡＰ遺伝子
日本人が持つ特殊な遺伝子で、勤勉な性格や優しさ、協調性など日本人特有の性質を持つ遺伝子で「親切遺伝子」とも呼ばれている。日本人同士の男女から生まれる男子にＹＡＰ遺伝子は受け継がれるといわれている。

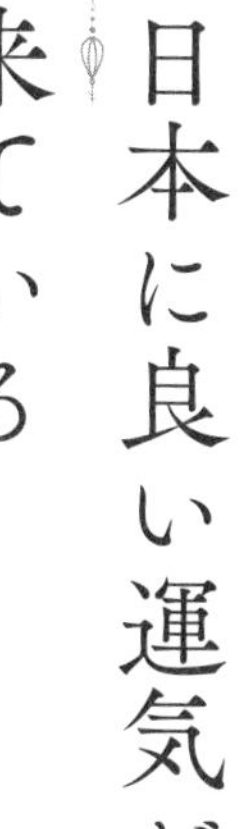

日本に良い運気が来ている

また、もう1つ理由があるならば、今、このタイミングの時代において、日本という国の上にちょうど良い運気が回ってきている、ということもある。

古代からの時代において、ある時は中東の位置に、またある時は西洋の位置に良い運気が回ってきていた時代もあったということである。その時に、それぞれの国や大陸は良い運気の中で栄華と繁栄が続いた時代もあったのだ。


そのようなさまざまな要因が重なることが理由であり、「日本民族だけが優秀だ」とか「日本という土地の磁場は特別」ということではない。

だから、日本人であるからといって自画自賛をするのではなく、こういうことも

客観的に見てほしい。

一方で、自分を何かと否定して、自己肯定感の低い人がとても多いのも日本人の特性である。

何かネガティブなことがあると、その原因が自分の中にあるのではないかと探し、罪悪感を持つクセがついている。

だから、これからの時代は自己肯定感を上げることが重要な時代になってくる。

「日本人は、重要な役割を背負っている」ということを果たすにしても、まずは、自己否定をやめて、自尊心を持てるような人間になっておくことが必要なのではないか。

はっきり言わせてもらうならば、自尊心を低く保つようにしつけられてきた日本人にとっては「日本、日本ってなんか誉めすぎじゃない?」「それって選民意識じゃない?」くらいでちょうどいいのである。

No.6

Ashtar

―― アシュタール ――

地球は順調なタイムラインを歩んでいるので安心して。人類の意識が変わるアセンションは今すぐそこに！

宇宙において、地球を見守りながら、人類の進化を導く存在（意識体のポータルのような存在）でアセンデッドマスター的な役割を果たしている。通常、スピリチュアルの世界では、宇宙連合や銀河連合的な宇宙の組織の司令官的な立場として受け取られていることも多いが、そのような役割も果たしている。今回、アシュタールからは、「地球の応援団長」みたいなポジションとして受け取ってほしい、とのこと。

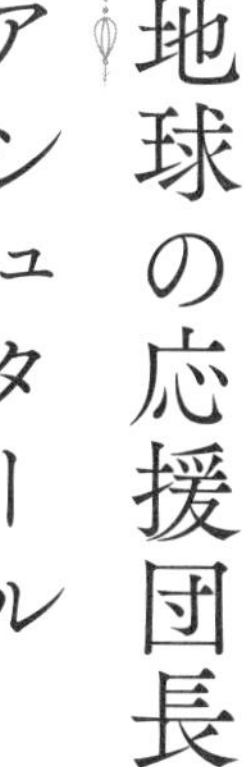

地球の応援団長、アシュタール

恐らく、あなた方の中で「アセンション」とか「次元上昇」などというような言葉を知っているような人たちにとって、アシュタールという私の名前はどこかで一度は聞いたことがあるのではないでしょうか。

そう、私はアシュタールです。

アシュタールという存在についていろいろな定義があるようですが、私は地球を見守りながら、人類の進化を導く存在（意識体のポータルのような存在）であり、いわば、アセンデッドマスター的な役割を果たしていると言えばいいでしょうか。

わかりやすく言えば、「地球の応援団長」みたいな感じです。

宇宙連合や銀河連合的な宇宙の組織の司令官的な立場として受け取られていることも多いですが、そのような役割も果たしています。
そうなのです。私たちは宇宙から、あなた方が想像する以上に長い時の中で、あなた方の成長を見守ってきたのです。

あなたはご存じかどうかわかりませんが、あらゆる宇宙種族の叡智が人間のみならず、地球のすべての生命の中に取り込まれてきているのです。

そして、そのことが今、あなた方にとってはそれぞれの種において、喜ばしい結果になっているはずです。


まず、宇宙における地球の歴史についてお話ししましょう。

宇宙が地球に関与する最初のきっかけになったのは、宇宙の他の種族にとっても魅力的であった金という鉱物に惹かれたことがはじまりでもありました。

そのようなストーリー（地球の黎明期（れいめいき）に惑星ニビルから人類の先祖になったアヌンナキが地球の金を採掘にやってきたという話）をご存じの人もいることでしょう。

地球が迎える感動的なクライマックス、アセンションがやってくる

「地球は宇宙の実験場である」ともよくいわれていますね。

しかし、地球はただの実験場などではなく、宇宙の大本をも誕生させた創造主の力が同じようにこの星にも働いたのです。

そのことをどうか誇りに思ってください。

多くの宇宙種族が地球に関わってきましたが、中にはあなた方を利用するような種族もいて、そんな彼らにあなた方はコントロールされてしまうという歴史もありました。

それでも、宇宙の大いなる源の愛は常に地球に注がれていたのです。
今、宇宙の種族たちは、深い尊敬の念とともに地球を見守っています。
地球よりはるかに文明が進化した者たちでさえ想像できなかったことが今、地球では起きているのです。

それは何でしょうか。

それは、あなた方がこの星でそんな状況の中でもさまざまな化学変化を起こしながら奇跡を起こしてきたことで、今、感動的なクライマックスを迎えようとしているということです。

そのイベントこそ、アセンションです。

今、アセンションを迎えるための準備が整えられているところです。

このことに私、アシュタールも感動を覚えています。

これまで、どんなに高度に進化した者があなた方をコントロールしたり、あなた方に改良を加えようとしたりしたとしても、地球には大いなる宇宙の源からの意志が働いてきたのです。

それほど無限の愛が地球に降り注がれてきたのです。

そのような状況下において、あなた方はこの3次元の世界に特有な〝感情〟というものを体験してきました。

恐れや不安などを含むすべての感情のバイブレーションがあまりにも刺激的かつパワフルなために、それらは地球の成長だけでなく、宇宙全体が拡大するための大いなるエネルギーにもなったのです。

このことは、宇宙のすべての存在が認めていることです。

あなた方は、限りなく愚かな存在ですが、同時に限りなく純粋な存在です。

そんなあなた方が愛に邁進(まいしん)しているその姿に私たちは感銘を受けているのです。

あなた方は、時間軸のある物質的な世界において、肉体という器の中に入ってドラマを繰り広げています。

実は、そのドラマさえも本当はイマジネーションの世界の出来事なのです。

しかし、そのドラマを実際にリアルなものに具現化してしまうというダイナミックさも持っているのです。

あなた方は、そんな〝遊び〟もしてきたのです。

不自由さの中で自由を味わうのが地球

また、あなた方はどんな局面、難局に立たされたとしてもそこに愛、光、感動を見出してきましたね。

たとえば、かつてあなたの国が大きな津波（2011年3月11日の東日本大震災のこと）に呑み込まれたことがありました。

その時も、あなた方は決して愛を失うことはありませんでした。

そのような愛のバイブレーションは、宇宙広しと言えど、どこを探しても見つからないのです。

大きく拡大していく愛のバイブレーションが、さらに究極の愛に向かっていこうとする周波数は宇宙中どこを探してもないのです。


また、あなた方には〝寿命〟というあなた方を苦しめる要因があります。

あなたの魂がボディスーツのようにまとっている肉体には、特別な仕掛けがなされています。

宇宙では意図すれば、そのことがすぐに形となるのが宇宙の仕組みでもあるのですが、そんなことは、あなたの星では想像もつかないでしょう。

あなたたちは、自分たちに課せられた〝不自由さ〟という環境下で、最高の自由を体験するというのが地球という星のテーマでもあるのです。

あなた方は忍耐強く、長い年月をかけてそのテーマに向き合ってここまでやってきました。

そんなあなた方を心から誇りに思っています。

先ほども申したように、地球は宇宙の実験場などではありません。

そして、宇宙の中で何か罪を負った魂や囚人たちが地球に送られてきて、そのカルマをぬぐうために課題をこなすための星なんかでもないのです。

そのようなことを言う人もいますけれどね。

創造の大いなる源の意図は、誰にも知らされてはいなかったのです。

地球における不自由さの中にある究極の愛の追求、それは宇宙のテーマでもあるのですが、それはどんな種族にも邪魔されることがなかったのです。

アセンションを迎える今、宇宙ファミリーの一員として、私はあなた方を頼もしく感じています。

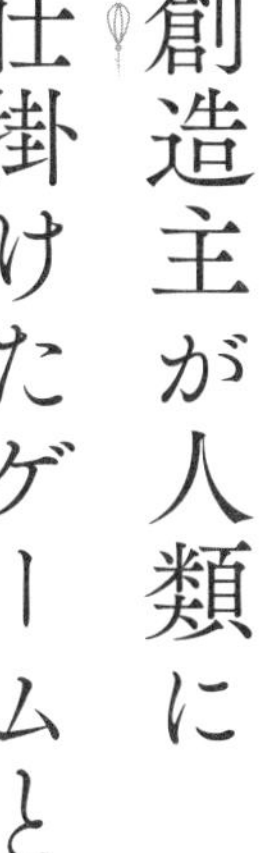

創造主が人類に仕掛けたゲームとは？

また、「スターシード」という言葉もかなり定着してきましたね。

この地球号に乗り合わせたすべての存在がスターシードであり、宇宙からの種を持ってこの星に降り立っています。

それは、別の表現をするならば、あなた方が持っている宇宙の叡智は一旦、すべて覆い隠され目隠しをされた状態で、すべてを1からスタートするということでもあったのです。

この壮大なゲームは創造主がしかけたものでした。

だからあなた方は、お互いが奪い合ったり、戦ったりしながらやってきたわけで

す。

それでも今、ここまで順調にやってきているのです。

今のタイムラインは順調です。だから安心してください。

あなた方には、宇宙の多くのファミリーたちのＤＮＡが宿っています。

あなた方の中には、「自分には何もない」「自分は何者でもない」と思っている人も多いのですが、そうではありません。

ぜひ、自分自身に誇りを持ってください。そして、自身のＤＮＡを解放し活性化していきましょう。

そのためのスイッチは、「自分を信じること」であり、「誇りを取り戻すこと」です。

私たちはこれまで同様、あなたの隣にずっと寄り添っていますよ。

私たちの周波数はとても微細で高いために、あなた方からは私たちのことは見えないでしょう。

私たちの母船がどんなに大きくても、その微細な周波数のためにあなた方から目視はできません。

けれども、あなた方が自身のスイッチを押すことで、意識レベルが上がれば、肉眼では見えなくても私たちを感じ取ることができるでしょう。

アセンションで変わるのは人間の意識

では改めて、アセンションとは、どのようなことを指すのでしょうか。

「アセンションする」とは、あなた方の前に突然、光の世界が広がるみたいなことではありません。

つまり、ある日突然、「あ、アセンションした！」とわかるような状況が訪れるわけではないのです。

アセンションをしても、あなた方の星の在り方は変わりません。

つまり、空気があり、緑があり、水がありというような自然のある環境はそのまま続き、また、社会や経済システムなども進化は進みますが、大きく変わることはないのです。

変わるのは、あなた方の意識です。

また、意識の変化に伴い、さまざまなものが進化していきます。

その変化の例を具体的に1つ挙げるなら、アセンション後の世界では、たとえば、今あなた方が行っているように、スマートフォンで相手と連絡を取り合うようなことはなくなるでしょう。

それは、人間のテレパシック（以心伝心的）な能力が発達するからです。

そういったテレパシックなコミュニケーションが発達した後に、ホログラムを活用するような社会になっていくでしょう。


サイエンスの進化も、あなた方の意識の進化がなければ実現しないのです。

テクノロジーだけが進化しようとしても限界がありますからね。

今までが、そうだったのではありませんか？

テクノロジーの進化の過程では、必ず何か弊害が起きてきましたよね。

それは人間の意識の方が、科学技術の進化に追いついていなかったからです。


そういった日常生活の中におけるさまざまな進化を経て、最終的には60～70年後になりますが、あなた方が子どもの頃に想像していたような宇宙時代へと変わっていくでしょう。

そうです、宇宙船が空を飛び交うような世界ですね。

その頃には、テレポーテーションなども自由にできるようになっているでしょう。

ただし、肉体を使って移動するようなものではなく、カプセル（ポッド）のようなツールの中に身体ごと入って、そこから意識体だけが抜けて必要な場所へ行き、コミュニケーションが済めば、またこちらに戻ってくるというようなシステムです。

この機能においては、身体自体は移動しません。

実際には、このような技術は、すでに現在あなた方の世界で進められていますが、まだ公式に発表はされていません。

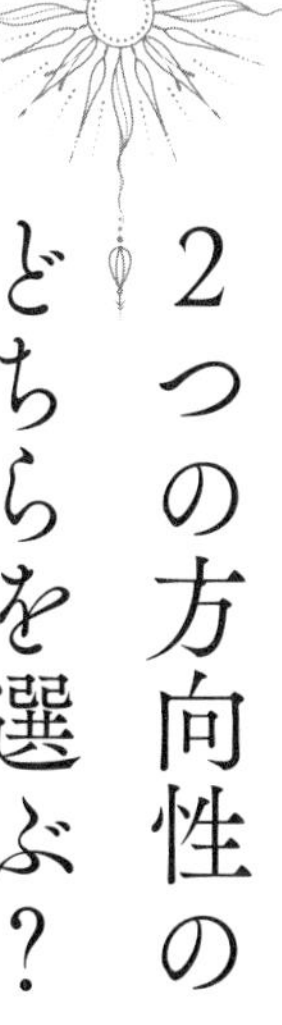

2つの方向性のどちらを選ぶ？

さて、以上のようなことが少し先の未来だとすると、近未来である2024年以降の世界はどうなるのでしょうか。

その答えを一言で言えば、「あなた方は、この世界を変えられる」ということです。

そして、その方向は2つあるということです。

1つは、予言されているような破壊的なタイムラインをそのまま進むこと。

もう1つは、そうではない別のタイムラインにいくこと。

あなた方は、予言されていることをそのまま従順に再現したいですか？

たとえ、その後に理想的な社会が訪れるとしても、その前にまずは大きな災害に見舞われる、というようなことを体験したいですか？

そうではないですよね。そのためにここまでやってきたわけですよね。

だから、希望の未来だけを見つめて、ネガティブな未来には力を与えないようにしてください。

また、予言されているような情報があるのなら、それらに不安や恐怖を抱くのではなくて、「そうじゃなくて、こっちがいいよね！」というような感じで違う世界線に移行することも可能なのです。

それが可能であることを思い出してください。

また、そのようなネガティブな予言はある役割も担っています。

それは、そんな予言があることで、実際に大難を小難にすることができるのです。つまり、事前に伝えておくことで「心の準備をしておいてね！」というような注意喚起を促せるのです。

そして、そのような情報をあえて言語化し、皆に知らしめておくことで、それを未然に防いだり、たとえ何かが起きたりしても、結果的に大きな事態にまで発展させないこともできるのです。

さらに、そのような予言には、その予言をする本人がネガティブなことを望んでいなくても、無意識的にストーリーを創作してしまっているものもあります。

だからこそ、それらに乗らないことです。

まだドラマチックなことをやりたいのですか？

予言は上書きして書き換えられる

それよりも、「自分はどうありたいのか」ということを考え、自分でそんな予言を上書きして書き換えていってほしいのです。

ぜひ、それを日本の皆さんでやってほしいと思います。

意識したことの上に力は注がれます。

あなた方は、自分で想像する以上にパワフルな存在なのです。

今、この瞬間にも世界線は一瞬一瞬、変化しているのですから。この話をしているこの瞬間にも、どんどん世界線は変わっていっているのです。

あなた方は、まだまだ目覚めの途上にあります。

はっきり言って、目覚めに関しては、あなた方はまだまだ未熟者です。

特に日本人は、純粋なせいで何かと〝受け入れること〟が得意です。

でも、受け身になるのではなく、一人ひとりが覚醒すべきです。

「2024年以降の世界では、自分はどうありたいのか？」ということを真剣に考えてください。

今ここがスタート地点です。

ネガティブな予言を素直に真に受けて、「大変な時代がやってくるんだ！　じゃあ、まずは、備蓄をしておかなければ！」などと慌てるような人ほど、実は、そんなスタート地点には立てていません。

もちろん、備蓄をすることで、落ち着いて次のステップへと取り組めるのならそのこと自体には問題はありませんよ。

とにかく、２０２４年からは、それぞれの魂のアイデンティティを取り戻す時代です。

ぜひ、あなただけの魂の姿を思う存分、この世界で発揮していってほしいと願っています。

No.6
Ashtar
— アシュタール —

No.7

Metatron

大天使メタトロン

学校でなくクリスタルから
知識を学ぶ時代が到来。
新しい未来の教育を
スターチルドレンが牽引（けんいん）！

ユダヤ教における高位の天使であり、また、キリスト教、イスラム教の教えの中にも出てくる天使。そのミッションは、「契約の天使」「天界の書記」「神の代理人」などといわれており、「王座にはべる者」という意味の名前を持つ。大天使メタトロンの波動は、「メタトロンキューブ」と呼ばれる神聖幾何学で表され、宇宙の調和と完全性を表す正多面体で描かれている。メタトロンキューブは、浄化や魔除け、波動調整に用いられる他、宇宙の叡智も授けられるといわれている。

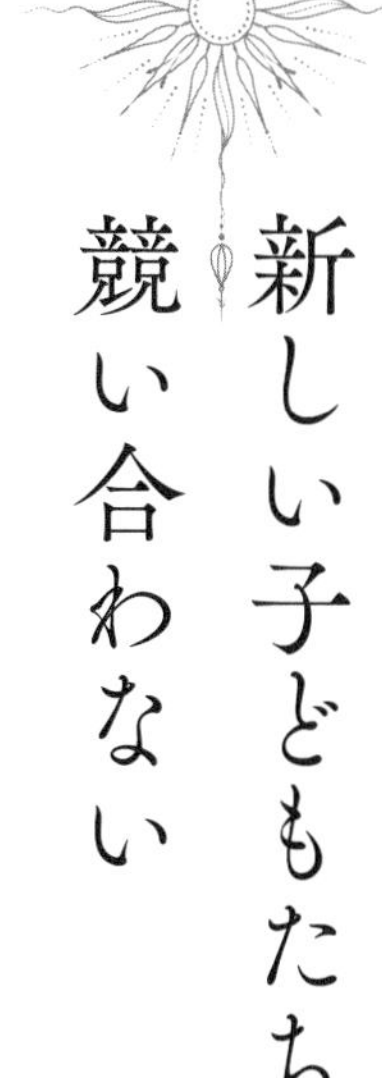

新しい子どもたちは競い合わない

地球の未来について考えるときに、あなた方はどんなことを考えますか？

私からは、あなた方に新しい時代の子どもたちについてもっと真剣に考えてほしいと思っています。

これからは、子どもたちが自分の才能を自由にのびのびと発揮できるような社会を築いてほしいのです。

これまで、そのためのサポートを私もさまざまな形で行ってきました。

今、あなたたちが理解できないような感性を持った子どもたちが、多くこの地球に降り立ってきています。

そんな彼らのために、「こうならねばならない」「皆と同じことをやるべき」というあなたたちの古い考え方を押し付けないでください。

また、教育に関しても、「周囲と競争をしながら、その中で勝ち抜いていくことが素晴らしい」というような概念も捨ててほしいのです。

もちろん、競い合うこと自体は問題ないのですが、子どもたちがそのことをどれだけ楽しんで行えるのか、どれだけ喜びながら行えるのか、ということが大切なのです。

将来的には、「競う」という感覚や意味合いも変わってくるでしょう。

現在のように、「相手を打ち負かす」とか、「相手よりも上に立つことで、優越感を持てる」というような競い方ではなくなるはずです。

これからは、競うということに関しても、「いかに自分が相手に愛を与えることができるか」、という競い合いになってくるでしょう。

感情もスキャナーのように読み取る

また、新しい時代の子どもたちは感度が高いことから、相手を一目見ただけで、「この人は、元気がないな」とか、「この人は、落ち込んでいるな」というような、その人の状態を瞬時に見て取れるような超感覚を身につけるようになります。

これは、あなた方人間がもともと持っていた高度な感情を読み取るスキャニングの能力が、再び復活していくからです。

そんな高性能のセンサーを持った子どもたちが、大勢生まれてきています。

今後は、誰もが瞬時に相手の求めていることを感じ取ることができる共感性を持ち、「この人は今、何を求めているのか？」というようなことなどもわかるように

なってくるのです。

今の社会では、まだ、そんな子たちが空気の読めない子であり、皆から遅れをとるような子だとされることもあり、その子のことを障害児と呼んでいるかもしれません。

あなた方の社会は、他と違っていることに対して、それを欠陥・欠落とみなしがちなのですが、そういった古い感覚も脱ぎ去っていくべき時代です。

これからは、〝違い〟というものが1つの個性になります。

その上で、お互いのエネルギーを読み合いながら、足りないエネルギーを瞬時にお互い同士が補い合っていくのです。

今を生きている大人の中にも、すでに覚醒していて、そのようなエネルギーの使い方をしている方もいます。

とにかく近未来は、新しい形の教育だけでなく、環境・資源問題なども想像を超えた形で展開されていくでしょう。
将来的には、現在のような学校のシステムもなくなっていくでしょう。

サードアイにクリスタルを置いて地球の歴史を読み取る

では、具体的にどんな形で新しい教育が展開されていくかを知りたい人もいるでしょうね。

ここで、1つヒントを差し上げますね。

かつて古代の地球の歴史において、レムリア文明がありました。

その時代に子どもたちの教育に使われていたものが、再び採用されるようになってくるでしょう。

それは、新しい形での鉱物・天然石の使い方です。

ご存じの人もいるでしょうが、鉱物・天然石は、すべての地球の歴史を記憶しています。悠久の時の中で起きてきた出来事をすべて記憶しているのです。

そこで、たとえば、クリスタルを第6チャクラであるサードアイ（眉間の中央）の位置に置いて、地球の歴史や叡智を読み取るような時代が戻ってくるでしょう。

また、天然石の中に新しい知識を入れ込むこともできるようになったり、天然石を媒介としてコミュニケーションの伝達を行ったりするようにもなります。

これはすでに、高度に進化した文明では使用されている手法です。現在でも南米では、すでにこの手法を使っている民族がいます。

自然の鉱物や植物と呼吸を合わせてコミュニケーション

ここで1つ、今からできるワークをお教えしておきましょう。

感情のアップダウンの波があるのが人間ですが、実は、そのような状態を起こせる、つまり、波動を変えることができるのが唯一、人間でもあるのです。

人間は感情の上がり下がりの波に悩まされることもありますが、ある意味、あえてそういう練習をしてきたのです。

そこで、一定の波動を保っている自然界の鉱物などの存在を使い、波動を整えるのです。

これは、「高い波動の存在と自分の波動を合わせる」、という方法です。

まずは、お手持ちのクリスタルなどの天然石を手にして、自分に集中してください。

そして、天然石の周波数に自分の意識を合わせるような感覚で集中しながら、呼吸を合わせて1つになる感覚になり、天然石のリーディングを行ってみてください。

すると、何かメッセージが伝わってくるはずです。

また、もし樹木とコミュニケーションをとりたいのなら、対話をしたい樹木を抱きしめて、あなたの呼吸と樹木の呼吸をゆっくりと1つにしていくのです。

そして、あなたの方から樹木に対して、「私へのメッセージはありますか？」と意識の中で語りかけてみてください。

きっと樹木もあなたに答えてくれるでしょう。

いつか学校などでも、このようなことを子どもたちに教えるような時代がくるかもしれませんね。

そういうことが普通に行われるようになるので、かつて、国家を挙げて軍事的な目的などのために子どもたちをサイキックにする実験や研究が秘密裏に行われてきたようなことは、逆にもうなくなっていくでしょう。

つまり、誰もがそのような超能力を持つようになる時代が来る、ということです。

人間を除いた生命のネットワークはすべて完璧

生き物のネットワークについても、お話ししておきましょう。
私たち天使界だけでなく、鉱物界、植物界、昆虫から鳥類、哺乳類などの動物、魚類など海の生物を含むすべての生命たちの間には、見えないネットワークが存在しています。
その生き物たちのネットワークの中で一番遅れているのがあなた方、人間のネットワークなのです。

では、どの部分が他の生命たちから遅れをとっているのでしょうか？

サイエンス的な部分での遅れでしょうか？

いいえ、違います。

あなた方人間の周波数は、一言で言って〝荒い〟のです。

そしてもう1つ、愛が足りないのです。

それに対して、あなた方人間を除いた他の生命のネットワークはすべてが完璧なのです！

ネットワークと言えば、当然、あなた方も最新のテクノロジーによる通信網を持っていますね。

でも、将来的にはその通信網の形も進化していきます。

あなた方は、地球上にある他のすべての生命たちが持っている、目には見えないネットワークに気づきはじめるのです。

それに最初に気づくのが子どもたちです。

これからやってくる子どもたちだけではなく、すでにやってきている子どもたちもそれらに気づくでしょう。その子たちは、皆の子たちとちょっとだけ違うことから、「発達障害」や「〇〇症候群」と呼ばれることもあるでしょう。また、ハンディキャップを持っていると思われるかもしれません。

しかし、彼らこそがスターチルドレンと呼ばれる子どもたちなのです。

彼らは、木々や植物が歌を歌っていることを理解するし、植物たちが世界中の植物たちと一瞬でコミュニケーションができている様子も理解するのです。

新しい時代の子どもたちは、そのようなことを研究し、人類の発展のために貢献していくのです。

新たなことが、次々に彼らから明らかになっていくでしょう。

そんな〝ギフティッド（平均より著しく高い知的能力があること）〟と呼ばれる子どもたちをサポートするのが、私の役割でもあるのです。

彼らは自分のミッションをきちんと認識して生まれてきている子たちであり、今後、多くのことを解明していくはずです。

未来の医療は植物の蘇生能力を活用

新しい時代の医療の形も、スターチルドレンたちが変えていきます。

将来的には、周波数を扱う治療に変わっていくことでしょう。

今後は、現在のような化学的に調合された薬や手術のメスなども要らない時代がやってきます。

これからは、怪我の回復の時間を短くしたり、病気になる原因を突き止め、そこから病気を解決したりするような医療のスタイルになっていきます。

特に、私が提案する新しい医療は、サイエンスにもとづくものではなく、植物たちが持っている蘇生能力を転写して活用するという方法です。

これは、植物のエネルギーの転写を通して、患者の細胞を蘇生させることで病を癒やしていくという方法です。

これが新たな医療改革の最初の一歩となり、さらにそこから改良が重ねられていくことで、身体にメスを入れるような外科手術的なものはもう必要なくなっていくのです。

このことを研究・開発していくのが新しい時代の子どもたちです。

どうか大人は、そんな彼らの芽を摘まないようにしましょう。

そのような子どもたちは、両親になる大人たちに対して、そんな自分を受け止めてもらえる人たちだ、という思いで地球をめがけてやってくるのです。

だから、そんな選ばれた両親である大人たちは、自分たちのことを誇りに思ってほしいのです。

今、環境問題もさらに危機を迎えています。

たとえば、太陽フレア（太陽の表面の黒点周辺で起こる大規模な爆発）が原因で、地球を取り巻く大気圏が非常に荒れはじめています。そうなると、地球の磁場にも影響が及んできます。

そんな目には見えない地球へのアタックへの対応策なども、彼らは解決していくでしょう。

新しい時代のピュアな魂と能力を地球の未来の宝として、ぜひ、大切にしてあげてください。

スタードシードも〝スター〟じゃない。大地の種として成長せよ！

ここでアシュタールが登場

横から失礼いたします。ここで、私から1つだけ申しておきます。

今、スターチルドレンの話がありましたが、「スターシード」という言葉が広まりつつあり、これから世の中でどんどんこの概念が受け入れられていくでしょう。

しかし、そのような状況の中で、「自分はスターシードだから素晴らしい!」「スターシードだから普通の人なんかと違う!」「スターシードだから、世の中の方が私を受け入れて!」という考え方もあるようです。

しかし、それでは私が託した星の種の成長が止まってしまいます。

スターシードも地球に降りたら他の人々と同じように、スターシードなりに、人と人とのコミュニケーションの中で、さまざまな感情を学びながら地球で成長をしていくのです。

だから、「自分は〝ギフティッド〟なのだから、周囲の方が自分に合わせなくてはいけない」、というものではありません。

スターシードは、特別な〝スター〟のような存在なのではなく、地球にまかれた一粒の希望の〝大地の種〟となって、地球では人間として生きていく存在でもあるのです。

宇宙には〝欠けている〟という概念はない

もちろん、スターシードとスターシードを迎え入れる人々は、お互いが尊重し合いながら共存していく必要があります。

その上で、スターシードに振り回されている大人たちも、いずれはスターシードの貢献に恩恵を受ける時代がやってくるので、大目に見てあげる寛容さも持ってくださいね。

なぜなら、宇宙にいる時は、「自分には、ここが足りない」「これが自分の欠陥だ」などという発想すらないものなのですから。

すべての存在にそれぞれの個性があり、それだけで素晴らしいのです。

けれども、画一的なものを求めがちな地球が、それほどユニークで特別な星でもあるということなのです。

そのことを覚えておいてください。

No.8

Okuninushi

大国主命（おおくにぬしのみこと）

**未来の経済は
貨幣を必要としない時代へ。
新しい豊かさの概念を生きよ！**

日本の国づくりの礎を築いた国津神の代表的な神として知られており、『日本書紀』や『古事記』にも出てくる神。アマテラスの弟であるスサノオノミコトの子孫にあたるといわれている。神武天皇以前に日本を統一していたといわれるニギハヤヒノミコトと同一視されている他、多くの別名や設定を持つ神でもあり、現在は出雲神社他、多くの神社で祀られている。

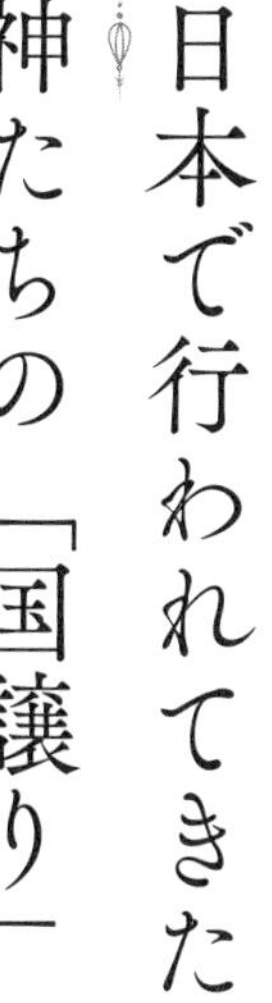

日本で行われてきた神たちの「国譲り」

古いものが終わり、新しいものがはじまるという時代が大きく変わる時には、常に「国譲り」というものが行われてきた。

国譲りとは、国を統治する者が入れ替わるということである。

特に、新しい時代がはじまる時には、その最初の一歩を踏む者の意識が重要になってくる。

今回は、私からは、国譲りとはどのようなものであるかについて話をしよう。

私、大国主命の時代には、自分を周囲から支えてくれた多くの神々がいた。

山を守る神、川を守る神、海を守る神などをはじめ、人々の生活を守る数多(あまた)の

神々が一堂に集結した上で、この私と共にこの国の幸せを皆で願いながら、国譲りというものを見事に果たしてきた。

それも、多くの者たちの想いがあればこそできたことだった。

だから、新しい時代を迎える人々には、このことを参考にしてほしいと思う。

しかし、残念なことに、とりわけこの国の経済に関しては、外（外国）からの力の影響が強すぎるようじゃ。なぜか、この国の者たちは、外から睨（にら）みをきかせている者の顔色をうかがっているばかりではないか。

そのような状況がある中で、そなたたちは、本当に望む世界を自分たちで創りたいのだろうか？

豊かな社会では一人ひとりがプロフェッショナル

もしそうなら、まずは、本当の豊かさということについて考え改めるべきであろう。

これからの豊かさとは、今、巷(ちまた)で期待されているような、大君（国のトップ）の支配と管理のもとで、一定の貨幣が民たちに平等に配られるようなものではない（＝政府が国民に定期的かつ無条件に最低限の生活保障の現金を支給する制度、ベーシックインカムのようなものではないということ）。

では、どのような社会が豊かな社会なのであろうか。

それは、鍛冶職人なら、鍛冶屋としてプロフェッショナルな能力をふるい邁進することである。

同様に、米を作るのが上手い者なら米作りに、魚を獲るのが上手い者なら漁師に、畑を耕すのが上手い者なら野菜作りに専念する、などとそれぞれの専門分野を生かすことである。

そして、それぞれの〝実り〟を互いに分け合い交換し合うということである。

そもそも、このような仕組みが、この国のなりたちにおいて最初に行われていたことでもあった。

しかし、その在り方が、いつしか貨幣というものを生んでしまったのも事実である。

そして、いつのまにか、貨幣がその人間の価値を決め、職業の選択を決め、また、人としてどう生きるかさえもコントロールするようになってしまった。それが問題なのである。


いずれ、新たな世界において、もう貨幣が必要ない時代がやってくる。

それも、もう時間の問題だ。


将来的には貨幣を用いずに、お互いが収穫したものを物々交換するというのもよいだろう。

しかし、それだけでは十分ではない。

それだけでは、そなたたちの成長は望めない。

そのためには、もっともっと新しい発想が必要になってくる。

知識・意識・技術が一番の財産になる

未来の社会において、人々が自分たちのコミュニティを形成する中で、各々が特定の専門分野に秀でた「匠(たくみ)の集団」が誕生してくるだろう。

この国では、そんな各分野の匠の集団が数多く存在することになる。

そして、そんな集団に所属する者たちが互いに切磋琢磨しながら、さらに新しい優れたものを生み出していくのだ。

そのような集団同士が力を合わせることにより、さらに強力で大きな匠の集団が形成されていく。

こんなふうにして、必要な力や知恵が適材適所に投じられるようになるのだ。

そんな各々の力と知恵が融合されていく社会こそが、〝豊かな社会〟なのである。

最終的には、皆の意識が融合されていくことで、知識・意識・技術が一番の財産となっていくだろう。


これからは、豊かさという概念に関しても、「お金やモノをたくさん所有することがすばらしい」「多くもらえる方が勝ち」という考え方は消滅していく。

逆に、「少しだけでも十分」「少しの量でまかなえる」という考え方が当たり前の社会になっていく。


よいか！

人を生かすものは力ではなく知恵であり、貨幣ではないのだ。

少ない量を五感で食べる時代が到来

今後は、「食べる」という行為自体も変わっていくだろう。

摂取する食事の量も、今とは変わってくるからだ。

やがて、科学や医療がさらに進化すれば、人間は大気中の酸素を取り込むだけで生きられるようになるだろう。

要するに、空気中のプラーナを食べるようになるのだ。


とにかく、今のようにご飯をお腹いっぱい食べるような時代ではなくなる。

また、一度に何品目も食べるのではなく、1品くらいでいいようになってくる。

それも、その食事からの栄養を摂取するというより、その食物の〝光〟を食べるようになるのだ。

これについては、今から少しずつ練習をしておくといいぞ。

その練習とは、まず、目でご馳走をいただき、香りでいただく、ということをやってみるのだ。

そのために、そなたたちには五感というものがあるのだから。

同時に、その食事が目の前にやってくるまでにどれだけの人が関わってきたかということに意識を向けてみてほしい。

種からその食材を育てた者、それを収穫した者。そこから、それを販売した者。そして、調理して皿に飾った者など。

その1品には、すべての者たちの愛が込められているはずである。

そんな愛に感謝しながら食事を有り難くいただくのだ。

そういった意識になるところから、5次元がはじまる。

5次元とは、突然、光に包まれる世界に突入するとか、超人的な人間になるというものではない。
そなたたちは、まだまだひよっこなのだ。

食物の波動を食す時代になる

食事をするということは、人間にとってとても大事なこと。
だからこそ、食事に込められた愛を、そこに込められた思いをいただくのである。
つまり、そこに込められた波動を取り込むのだ。そんなふうに、魂を豊かに耕しなさい。

今、この時代からすでに食事の量を減らしたり、食事を粗食に変えたりしている者もいる。

しかし、そうすることで栄養失調になる者もいる。

それは、その者たちが食事の〝形だけ〟を食べているからである。そのような食事の仕方はただの自己満足であり、何の役にもたっておらん。

なぜ、そこに愛が込められていることに気づかぬのだろうか？

今後は物質的に量を摂る食事というよりも、その食事の持つバイブレーションをいただく、という意味において食事をするようになるだろう。

そして、そのバイブレーションが身体に入ると、己の栄養に化けていくのである。

もう1つ、食の方向性にヒントを与えるとするならば、古代からある微生物を食すのもよいであろう。

微生物というものに、これからの健康のヒントが眠っているぞ。

いずれ、そなたたちはエネルギーそのものを融合させて生きられるようになるだろう。

もちろん、そんな時代は、もう少し先の話ではあるが。

豊かになるために手放す

新たな豊かさというものを今から身に付けるためにも、まずは、握りしめているものを手放しなさい。

そして、己を生きることに集中しなさい。

志の同じ者たちが集まれば、知恵も出てくるだろう。その知恵をまとめ、さらに、まとめた力をエネルギーに変えよ！

そして、そのエネルギーを大きく大きく回していくのだ。

そのプロセスの中に、無限に発展していく法則があるのだ。


科学技術の発展もその原理はこれと同じである。

すべての根源は人間の意識のエネルギーからはじまっている。


これが、まことの国譲りである。

富は力で奪うものではなく、搾取するものでもない。

そなたたちは長い間、そのようなやり方でやってきたが、そろそろ原点回帰をしてはどうだろうか。

そうすることで、人は何によって生かされているのかを悟るのだから。

ここまで私の長い話をよくぞ聞いてくれたな。感謝するぞ。

No.9

役小角（えんのおづぬ）

自然を操る呪術師だからわかる
「水」の力。
五行のバランスを取り戻すことが
弥勒（みろく）の世につながる。

飛鳥時代の役行者（えんのぎょうじゃ）であり呪術者としても知られている。文献では実在の人物とされているが生没年などは不詳で謎が多い。人物像は後世の伝説も大きく、前鬼と後鬼を弟子にしたといわれている。天河（てんかわ）大弁財天社や大峯山龍泉寺など多くの修験道の霊場でも役小角を開祖としている場所もあり、本人がそこで修行をしていたとする伝承などもある。

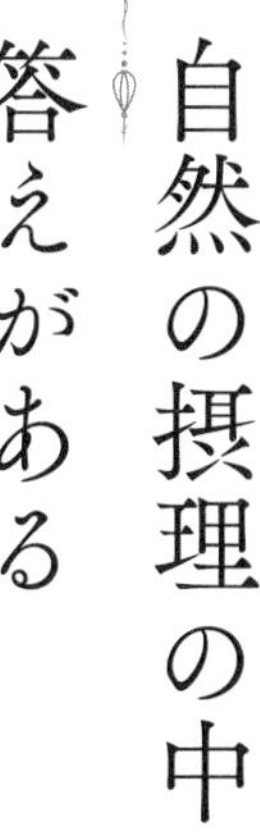

自然の摂理の中に答えがある

私は弘法大師空海*（774〜835年）の生きた時代の約100年前、彼が登場する前にさまざまな準備をして、彼のために道ならしをしておいた者である。なぜなら、弘法大師空海が私の後に続く者として立つということはわかっていたからだ。

私は、かつて山々を巡りながら、どのようにしてこの国を整えていくかを考えながら、いずれ、その時が来たら「弥勒の世」が訪れるということも知っていた。

今、この世界はさまざまな問題を抱えているが、実は、大自然の中に、そんな問

題を解決できる秘薬があるのじゃ。

まず、これからこの国にやってくるであろう困難を考えたとき、そなたたちに必要なのは原点回帰である。

そこにすべての解決策があるからだ。


また、2024年以降の世界のことを知りたい者がいるのなら、そんな者たちに向けて、「ここからが本番である」と伝えておこう。

そのためにも、この国の未来のシナリオを誰が書いているのか、どのような未来にしていきたいのか、ということをもう一度よく考えてほしい。


未来に願いを叶えたい者たちは、繰り返し護摩を焚いたり、般若心経を唱えていたりするかもしれない。

しかし、本当に必要なのは、五行の「木火土金水*」の考え方であり、この知恵を使ってこの国を取り戻していくべきなのだ。

なぜなら、そこにすべての答えがあるからだ。

＊弘法大師空海

平安時代初期の僧であり真言宗の開祖。唐より真言密教をもたらした。仏教において、中国で伝授を受けた奥義や経典・曼荼羅（まんだら）などを、体系立てた形で日本に伝来させた。高野山に真言宗の本山、金剛峯寺を開く。書の達人としても有名。

＊木火土金水

この世の万物は木・火・土・金（ごん）・水の5種類の元素から成っているという説で、それぞれ5種類の元素が互いに影響を与え合い、その生滅盛衰によって天地万物が変化し、循環しているという考え方。

かつて美しい川には龍が棲（す）んでいた

すなわち、自然界の木、火、土、金、水という5つの要素がバランスを取っている状態が大切であり、この知恵によって国は整えられていく。

その中でも、とりわけ肝心なのは「水」じゃ！

この国の水は汚れておる。このことをどう考えておる？

太古の水は清く美しかった。

だから、この国の河川には龍たちがたくさん棲んでおった。

宇宙から降り立ち、この国に棲みついた龍たちは、この国を通してさまざまな命が広がっていくことを計画していたのだ。

しかし、水をきれいにしていくのは、そなたたちが思うほどラクなことではないぞ。

水がすべてのものを巡っておるが、霊泉を大切にしない限り、枯れるぞ。枯れるぞ。枯れるぞ！

そなたたちが水源としている場所が汚れているのだから、そなたたちの意識は水に向かうべきである。

やはり、水こそが人間の命を生かしたり、蘇生させたり、身体の仕組みさえも変えたりしてしまうものだからな。


水が変われば、その水が周囲に共振共鳴を起こし、それは日本から世界へと広がっていく。

地球は水の星である。その中でも水の豊富な日本という国において、水の価値を知らぬものが多すぎる。

どうか、湧き水が出る場所を大切にしてほしい。

水で新たな時代を切り開く

いずれ、この国の在り方も変わっていくが、それもまた自然の流れである。新しい世界では水のある場所に村ができ、人々の集落ができるだろう。そして、湧き水、滝、湖など自然の水が使用されていくようになる。

そなたたちは、もっと早く水の大切さに気づくべきだった。今頃になってしまったことが無念である。

でも、今からでも遅くはないぞ。

水がきれいになれば、水の波動とともに人々も健康を取り戻していく。
すべての病の原因は水だぞ！
水がきれいになれば、病もすべて消えていく。
また、この国だけでなく、世界中の因果を水で洗い流すのだ。
さあ、水をどのように生かしていこうか？

将来起きるであろうといわれる自然災害などに意識を向けてどうする？

それよりも、水を保護し、水を生かし、水を浄化することに意識を注げば、そこには水は行かん（＝水害などは起きない）。

天災とはそのようなものなのだ。すべてバランスが重要だ。

均衡、均衡、均衡。均衡を保て。


人間たちは、自分たちの都合のいいように水を溜めているが、そのようにするのではない。

水はこの国の命であり、また、世界の命でもある。

温泉や鉱泉（地下からの湧き水）も同様だ。

水次第で、病を治せぬことがなき世がやってくるぞ。


重ねて言うが、そのはじまりは、水の浄化であるぞ。

水が濁れば、人間の血も濁る。水が濁れば、人間の情も濁る。

何を恐れているのか？

今こそ、眠っている龍を呼び覚まし、川や湖、水源地を復活させる時である。

その時になってあわてるのではなく、今から一人ひとりが意識を変えていくのじゃ。

気づいた者がはじめると、そこから意識も伝播（でんぱ）していく。

身体の中の水を伝って、人から人へと伝播していくのだ。

今、どれだけの者が水の大切さに気づいているだろう。

どうか、心ある者からはじめていただき、水を通して新しい時代を切り開いていってほしい。

呪術とは自然の気を操ること

ここで、少し自分のことをお伝えしておこう。
私のことを呪術師として恐れている者もいた。
中には、私が呪術を使いこの国を震え上がらせたと語る者もいる。
しかし、真実は違う。
私は、弘法大師空海が登場した時に、すべてが整うようにと準備をしただけである。
私は呪術で川が氾濫すれば龍を眠らせる必要があった。
また、人々のために雨を降らせたり、逆に降らせないようにしたり、さらには、

風を起こし、雲を呼ぶことに呪術を使っていたが、それは自然の理でもある。

私は、赤子の頃より母が私のことを怖がり、「人の子ではない」とさえ言われてしまう子だった。

そこで、野山で狼（おおかみ）や獣たちが母親代わりで私のことを育ててくれたのじゃが、それは何も特別なことではない。

ただ、大自然が私のことを育ててくれたのだ。

それに、野山の中で自然の力や波動を集めて気を送ることは、人間が使える当然の技なのである。

呪術とは呪いのために使うものではなく、その目的は、それぞれが本然の姿に戻るようにと使うものである。

私の亡き後は、山伏たちが後に続いてくれたが、彼らは有り難いことに、私が伝えたかったことを継承してくれている。

山々の中に神々を拝み、川の流れには大地の意志を汲み取り、日照りの中に人々の幸せを祈り願うということ。

呪術の原点は、このように人々の幸せのために使うものなのだ。

呪術を呪いのために使ったり、国の者が政に使ったりしたとも伝えられておるが、もし、それが本当なら、山伏や山岳信仰は今日まで残ってはいないであろう。

この私は、獣たちの息吹や大地とひとつになり、山々の神々に祈りを込めて術を使ってきた。

時には鬼を懲らしめて指導したこともあるが、それは鬼の中にも真の心があることがわかったからである。

そうすると、鬼も真の心を開き改心したのだ。

こうして、術を使う際には戒めの中にも愛情をかけたものであった。

海外資本の水源地の将来はその意図次第!?

最後に、この世界は今、そなたたちが思っているような恐ろしい世界ではないことを伝えておこう。

呪術とは、五行にもとづいた気の力であり、この日本の磁場を整えるためのものだ。

今、この国の水源地が外国に買われているとのことだが、将来、「日本の地形が変わる」というのはこのことを意味しておる（＝自然災害などで地形が変化するというのではなく、外国資本が土地を所有するという意味）。

その場合、確保された水源地がより皆のため、人々の幸せのために使われるのであればその場所は残る。

しかし、それ以外の意図が働くのであれば、その場所もいずれ自然淘汰されるであろう。

つまり、その場所にどのような意図が乗せられるかによって、その土地の未来も変わるということである。


この国の人々の徳分は、分かち合うことだ。

どうか、大切な水も分かち合いながら、この国を発展させていきなさい。

水の技術開発が遅れをとった理由

私からは、水の浄化についてお伝えしておきましょう。

今、水の浄化の技術はかなり進んでいます。

実は、この国だけでなく世界のサイエンスはシリウスからのサポートを得て、A

I技術なども含め、とても進化したのですが、ことバイオテクノロジー（生物工学）の分野に関してだけは遅れをとっていたのです。

それは、この分野にはあなた方がよく言う〝利権問題〟が絡んでいたからです。

しかし、この分野の開発がこれから進んでいきます。

地球における科学の各分野において、その進化のバランスが崩れていることが非常に危惧されます。

なぜなら、かつて、1万〜2万年前に起きたことが再び起きてしまうかもしれないからです。

それは、あなた方もご存じのレムリアとアトランティスの崩壊です。

水に関する研究が進んでいたのがレムリア文明であり、AI的な技術が進んでいたのがアトランティス文明でした。

この2つの文明も本当は両輪でバランスをとりながら発展していくはずだったのですが、そのようにはなりませんでしたよね。

同じように、今、あなた方の世界もバランスを崩しているので、ぜひ、このタイミングでそのことに気づいてほしいのです。

現在、この国においても、今後の鍵になる水の研究を通して微生物やミネラルに関することなど、少しずつ進んでいます。

そのような研究に携わる方々が勇気を持って立ち上がり、ネットワークを作り活動すれば、これまで、発達することを阻止されていた部分も揺るがざるを得なくなります。

そうなれば、もう一度、地球が〝水の星〟の名を取り戻せることでしょう。

面白いことに、あなた方は「水に流す」という表現を使いますね。

これはどのようなことを意味しますか？

水で毒を流すこともできるし、あなた方のさまざまな負の感情も流すことができるということです。

また、あなた方の身体は7割が水でできているように、健康や長寿に関しても体内の水が決め手になってきます。

たとえば、もし、あなたの近くにドロドロに汚染された河川があったとしましょう。

そんなことを、あなたは気にもかけないかもしれませんが、その汚水の水の波動があなたの身体の体液の水分とも共鳴してしまうのです。

このように、すべてのものがバイブレーションを通して、命のフォトン（光子）とも連動していくのです。

逆に、この部分の波動が上がることで、あなた方は健康になるし、病気をしない身体になれるのです。

ある意味、最も古くからあり、最も新しい素材である水についての研究が進むことがこれからの鍵になってきます。

また、あなた方が恐れる癌（がん）という病気は、あなた方へのギフトです。

なぜなら、癌を通して、意識の大きな転換があり、自身を変容させていけるからです。

場合によっては、癌を通して意識が変わり、個人レベルでアセンションをすることも可能なのです。

あなた方は、癌のことを歯が立たないと思い込んでいるだけですが、癌も自然の理の中で存在しているだけです。

そんな癌が身体に現れることが問題なのではなく、その癌を通して何に気づくべきか、ということなのです。

癌を敵対視して放射線で照射したり、手術で取り除いたりしますが、そのような対処法ではなく、もし、癌になったとしたら、どのように意識を変えていくかが大切なのです。

また、あなた方はすぐに身体の不調に病名をつけたがりますが、そうすると、そこに意識を向けることでエネルギーが集約されます。

そして、本人の意識だけでなく集合意識となってそのことを問題視することで、よりエネルギーが大きく育っていくのです。

そして、癌も硬化して塊になっていくのです。

だから、まずは、癌を悪いものであると意味づけないでください。


同様に、たとえ自分の身体に異質なもの、不調を感じたとしても、そこにフォーカスしすぎないでください。

それこそ、水がそれらをきれいに流してくれるのですから。


あなた方の国も人体と同じです。

水が原点回帰という意味において重要な役割を果たしますが、医療に関しては水だけでは片手落ちです。

これから30~35年先には、周波数を変えて治療を行う技術も進んでいくことでしょう。

そうなると、将来的には病気とか治療という概念もなくなっていきます。
その日を楽しみにしておいてください。

最後に、水の話に戻りますが、水という要素は他の星にはない特徴でもあるのです。

あなた方は、太古からある水を活用することを決めてきているのですから。

どうか、川、湖、海とあなた方の星にある水を大切にしてくださいね。

この質問に誰が答えてくれますか？

高次元存在たちに一問一答のQ＆A！

本書のテーマである「2024年以降の世界の未来予測と、新しい時代に向けた生き方のヒント」とは別に、いくつか他の質問も高次元存在たちに投げかけてみました。

それぞれ得意分野や専門知識、活動している次元や世界観の違う高次元存在たちだからこそ、どの質問に誰が登場してくるかは、まったく未定。

誰もが興味を持ちそうな質問を、Q＆Aのスタイルで宇宙に向けて質問しました。

さあ、誰が答えてくれますか？

Q1 人は死んだらどこへ行くの？死んだ後はどうなるの？

サナトクマラが登場

これまで長い間、多くの者たちが生きながらにして苦労を重ねて修行をしてきた。しかし、生まれてくること、そして、この世を旅立つときのことに関しては、こんなにも科学技術が進んでいるにもかかわらず、そなたたちはこと生と死に関しては目隠しをされてきたようであるな。

通常、仏教の教えでは、人は亡くなった後に「百箇日」として100日間の時間

をかけてこの世との別れを行うと考えられている。

しかし、この考え方はもう昔のことであり、今はそこまで長い間はかからず短くなっており、地上を離れるまでの期間は33日間くらいになっている。

これまでは、この100日間の中で、そなたたちは「生きているうちに、あれをしておけばよかった!」などの後悔や、「この人に、こう伝えればよかった!」など、愛する人への執着などを含むさまざまな気持ちを整理していたのだ。

そして、こんなふうに時間をかけて人生を振り返ることで、「自分の生きた短い人生がこんなにも愛しい時間であったのだ」、ということに気づくのだ。

また、人は「死ぬ」のではなく、「旅立つ」のである。

人は魂そのものになった時、「地上で自分は何を果たしてきたのか?」ということを振り返りながら、原点に戻っていく。そう、地上に降り立った時の志に戻るのだ。

人生を終えると〝冥界の王〟である「閻魔(えんま)様」に人生を裁かれるといわれている

が、そなたの人生を裁くのは、他の誰でもない自分自身なのだ。

ちなみに、この私のことを閻魔様のように想像している人もいるが、それはその人の幻想である（笑）。

さて、そなたたちが魂へ戻るプロセスにおいて、いろいろな学びがある。

それは、「ああ、このために自分は生きていたんだ」と理解するだけでなく、生きていた時にあれほどまでに悲しんだり、怒ったり、憎んだりしたことについても、「なんてちっぽけなことだったんだ！」と改めて気がつくのである。

その時にはじめて、そなたたちは、生きていた次元と霊界の仕組みにも気づくことになるのだ。

今、死後に魂へと戻る期間が33日間と短くなっているのは、次元上昇も進み、そなたたちも自分たちは肉体だけの存在ではなく魂としての存在であり、また、より愛の大切さに気づきはじめたことが原因である。

もちろん、本来なら時間もそこまでもかからないのだが、生きていた時の執着や

思いを〝脱ぎ切っていない〟ためにそれくらいはかかるようだ。
実は、この死後に必要とする時間の〝システム〟は、そなたたちが自分たちで創り出したものでもある。
やはり、この星ならではのさまざまな宗教や観念などがそんなシステムを創り上げたのだ。

Q2 死んで生まれ変わるまでの転生にかかる時間は？

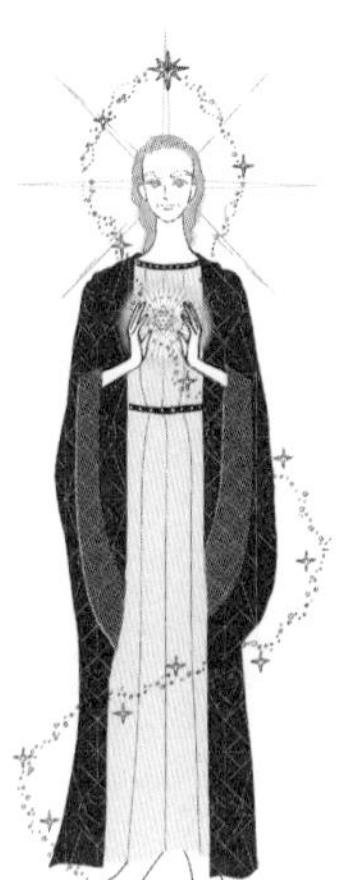

本来ならば、３００年くらいは空けた方がよいだろう。

というのも、人は受肉する際に、かなり大きな衝撃を自分も受けるからだ。

そこで、３００年くらい時間を空けることで、その衝撃のインパクトを軽減することができるのである。


また、人は人生のテーマを持って生まれてくるが、そのテーマを遂行するために先天性の病気や身体的なハンディキャップなどのリスクを持って生まれてくる場合もある。

そういった場合、そのような重大なことを決定するためにも、本来なら慎重に３００年くらいは時間をかけた方がよいのだ。

ただし今は、地球が次元上昇して変容する大事な時期を迎えているために、魂たちは３００年もかけずに戻ってきている。

今の時代は、それほどミッションを持った魂たちが多いということだ。

Q3

難病などの困難を持って生まれてくる人たちは、それを背負うことでカルマの解消をするの？

サナトクマラが登場

いや、違う。

カルマの解消などという概念も、そなたたちが創り上げたものである。

自分の中で課題を残して旅立つことが心残りとなり、クリアな状態で次の人生へと進めないことからカルマというプロセスでそれを消化していこうという想念のもので創り上げたところから、カルマというものがはじまったのだ。

しかし、このカルマという概念は、現在、スターシードたちが大挙して流入してきていることから、カルマというものも、もはや、なくなりはじめている。

難病や短命で人生を終えたりする人々は、自らの計画のもとで地上に降りてきています。

寿命の長さは、最初に自分の人生のシナリオを作る時点ですでに決定されているのです。

しかし、そういう人たちのことをあなた方は「かわいそう」だとか「カルマを解消している」などと言ったりしますが、それは間違いです。

彼らは自分の生き方そのもので、周囲を目覚めさせるというテーマを持っているのです。

他にも、自分の生き様で周囲に愛の波動を湧き上がらせたい、また、命の大切さを伝えたいなどのテーマを持っているのであり、命の長い、短いは関係ありません。

特に、今の時代は、地球の輪廻転生のシステムを超えたスターチルドレンたちが多くやってきています。

そんな彼らの中で、難病や先天性の障害などを持って生まれてくるような子たちは、「この世界を変えたい！」「命とはすばらしいものなんだ！」という壮大なミッ

ションを持った、とてつもなく愛のエネルギーの器が大きい子どもたちであることを覚えておいてください。

Q4 悪霊は存在している？もしいるなら、どうやって身を守ればいい？

役小角（えんのおづぬ）が登場

そなたたちが悪霊と呼んでいるものは、「邪気の類」じゃな。
今、昔はあった「幽界（死後の世界で地上と冥土の中間層にあり、まだ成仏していない不成仏たちがいる層）」と呼ばれている次元が、ほとんど消えかけている。

かつて、この幽界という次元は人々を怖がらせるためにあった。

しかし、怖がらせたいと言っても、その「怖い！」という感覚は、「この世界は人間が生きている世界だけではない」ということを気づいてもらうためのものだった。

そのために、幽界から妖怪や化け物のような存在がそこから出てきていたりした。


なので、そもそも人間たちに〝悪さ〟をしようとしていたわけではなかった。

鬼という存在も同様である。

確かに、かつて鬼は子どもを狩って食らうこともあったが、それは善悪からの行いではなく、ただ、鬼とはそういう在り方をしている存在なのである。

でも、鬼にも人間のような情愛もあり、そこを懲らしめると理解してもらえることもある。

とはいえ、鬼に人間と同じ価値観を押し付けるものでもない。

なぜなら、彼らは鬼だからである。


今、幽界は消えつつあるが、このように人間界とは違う世界があるということだ。

つまり、人間界と別の次元との境界線というものがあり、そこから向こうへは人間は踏み込まず、住み分けをするべき、ということを教えるためのものだった。

アンドロメダの女神レイラが登場

宇宙からの視点で見ても、地球には、宇宙からいろいろな存在たちが紛れ込んでいます。

もちろん、過去3年（＝コロナ禍の時期）でかなり地球はクリアリングされてきてはいますが、宇宙における戦いの残党で、まだ地球にいる者の中には、あなた方が想像できないほど残酷で無感情な存在たちがいることも知っておいてください。

そんな残虐的な性質を持つ彼らが人間に憑依をしたときに、人間の常識・道徳観などでは考えられないようなこと（＝凶悪犯罪などの事件）が起きたりします。

そういうケースは、その人自身が起こした場合ではないことも多いのです。

しかし、それらを防ごうとして、そういうことを解決しようとするよりも、あなた方の星を整える方が先です。

この星の成長過程において、あなた方はさまざまな時代を過ごしてきて、やっとここまで地球は成長してきました。

あなた方は、大勢の宇宙のファミリーたちがご自身のすぐ隣に立っていたことなどには、決して気づかなかったでしょう。

それほど多くの宇宙存在があなた方の近くで活動し、見守ってきたことに感謝の気持ちを持ってほしいと思います。

では、そんな非人間的な存在たちと遭わないためには、どうすればいいのでしょうか。

そのためにも、あるスキルを身に付けておくべきでしょう。

それは、自分の周囲にシールドを張るということです。

あなた方は、〝剥き出しのような状態〟で我が身をさらしながらこの地上で暮らしているのですが、本来なら、そんなことすら驚異的なのです。

このような生き方をしているのはあなた方の選択ではあるのですが、それは、この星に愛する緑と水があったからなのです。

そこで、そんな環境の中で生きるためにも、自身のエネルギーを管理してシールドを張り巡らしてほしいのです。

そうすることで宇宙線、放射線が降り注いでも身を守ることができ、また、悪意を持った存在が近づいてきたとしても、シールドがあればピン！とはじいて、不要なエネルギーを跳ね返せるのです。

また、それが可能になると、相手側ともチャンネルが合わず、向こうからはあなたのことが見えない状態になるのです。それが波動を上げるということです。

そんなことも、あなた方は本来ならできるのです。

けれども、そんな能力ももはや使わなさすぎて使えない状態になってしまっているので、これからは、ご自身でエネルギーの状態を調整できるようにしておくようにしましょう。

基本的に、周波数が高い状態を保つには「笑い」や「喜び」、「幸せ」に満ちあふれた状態でいること。

「ありがとう」という言葉の周波数も最も高い周波数といわれていますが、そのような感情のバイブレーションを心がけて波動を上げるようにしてください。

このような形で感情をコントロールすることを、ぜひ、ご自身の責任において行ってください。

そうすることで、地球上のすべての生命にそのエネルギーが広がっていくのです。

高い周波数でいることが、悪意を持った存在たちを近づけない一番の方法です。

Q5

新型コロナウイルスによるパンデミック&ワクチン問題について。あの出来事は、人類にとって何だったの？

過去3年間において、あなた方は、大きな学びをしましたね。

実は当初は、これほどまでに大きな事態に発展するような予定ではなかったのです。

それなのに、どうして宇宙がこのことを容認したのかわかりますか？

まず、どのような出来事や現象が起きようとも、私たちはあなた方を見守っています。

広大な宇宙には5次元、7次元、9次元、11次元などさまざまな次元がある中で、「グレート・ホワイト・ブラザーフッド*(白色大同胞団)」の次元からこの現象を見た時に、「ああ、宇宙はこんなことも許可するんだ」という思いでした。

宇宙では、許可されないことは起きませんからね。

すべてはバランスの中で起きていますが、あのようなことが起きたのも、地球は今、次元上昇の真っ最中だからです。

人類にとっては、大きな試練の出来事でしたが、最初に投じられたのは、ほんの小さなもので済むものだったのです。

しかし、人々の間にいとも簡単に恐怖や混乱が広まり、恐れが恐れを呼び起こしながら、どんどん望まない方向へと広がっていったのです。そして、予定していな

かったストーリーが展開していったのです。

本来なら、「コロナ（corona）」という言葉は「光の王冠」という意味を表しているように、1つずつの細胞が愛のもとに手をつないでいるような美しい姿でもあったのです。

しかし、その細胞は、恐れる細胞と化して増強してしまったのです。

こうして、集合意識が恐怖で染まり、それがまたバクテリアのようにエサとなって、さらに恐怖のエネルギーとして増強していったのです。

私たちにも、これほどまでに広がるとは想定外でした。

では、今回の学びは何だったのでしょう？

あなた方の反応として、「予言どおり、恐ろしいものがやってきた！」とか、「審判の時がやってきた。必要とされない者は淘汰されてしまう」などと、歴史の中で語られてきた終末思想にこの現象を重ねたことで、何が起きてしまったか、ということです。

さらに状況が悪化して、恐怖の炎に油が注がれてしまったのです。

だから、どのような現象が目の前に展開したとしても、そこに意識を注いで力を与えないようにする、ということです。それが教訓でした。

ワクチンに関しては、私たちも想定外でした。

そこで私たちアセンデッドマスターたちはそれぞれが担当する光線を使って、あなた方の肉体の状況をサポートしてきました。

「シェディング（ワクチン接種者から未接種者に対して呼気や汗などから出る物質によって不調をもたらすこと）」や電磁波、これから出てくるさまざまな問題についても同様であり、それらを軽減させていくのが光を使う、ということなのです。

ヒーリングというものがここまで民間療法として広がっているのも、あなた方が自分たちのコンディションはここまで自分たちで整えられる、と力をつけてきたからです。

今後、特に問題になってくるのは電磁波です。

電磁波の影響で、人込みの中で酸欠や呼吸困難になる人やパニック状態に陥る人が出てくるかもしれません。

そこで、この影響を受けないためにも、自分のエネルギー管理がより求められるようになります。

また、電磁波を防御する方面の科学技術も進んでいきます。

これにより、周波数を変えたり、体内に流れる微弱電流の流れも変えたりすることもできるようになるはずです。


ぜひ、過去3年間の経験を今後に生かしていってください。

どのような場面に直面しても、私たちとこの宇宙を眺めるような俯瞰視点が必要です。

現状の現場から少し離れて、一旦、ひと呼吸おいて何が起きているのかを観察する力が必要になってきます。

どうか、恐怖に乗って、そのイベントの犯人捜しや原因を追及するバイブレーションに乗っていかないようにしてください。

新しい文明の時代に向けて、自身のアセンションを行いたいのなら、私たちのように「すべてを俯瞰する」という鳥の目でものを見る客観的な意識になっていただきたいと思います。

＊グレート・ホワイト・ブラザーフッド（白色大同胞団）
近代神智学やスピリチュアルの世界で信じられている超自然的人物・存在の集団。近代神智学の創始者ヘレナ・P・ブラヴァツキーは、この集団に属するクツミやモリヤなどのマスターたちから教えを受けたとのこと。神智学協会の幹部チャールズ・ウェブスター・レッドビータによれば、同胞団のリーダーはサナトクマラであるとのこと。メンバーたちは人類の進化をサポートし見守っているという。

Q6

犬や猫をはじめとする人間のペットたちはどこまで何を考えている？人間のような心はある？

大天使ラファエル*が登場

今、あなた方が人生を共にしているこの時代に生きている動物たち、とりわけ犬や猫などペットになるような動物たちは、本当は人間として生まれたかった魂たちです。

しかも、特にこの時期に「次元上昇のためのサポートをしたい！」とやってきた魂であり、「この人をサポートしなければ！」と特定の飼い主をめがけてやってきているのです。

通常、誰かのサポートをするために人間として生まれてくると、赤ちゃんから大人へと心身共に成長するまでに時間がかかりすぎますね。しかし、ご存じのように動物だと成長も早く、人間の何倍ものスピードで成長できるのです。

つまり、早く大きくなって、早くサポートしたい相手に出会えるのです。

そういった面でも、動物で生まれてくることを選んできた魂たちでもあるのです。

ペットたちの目的は、まずは人間に癒やしを与えることです。

しかし、今の時代はそれ以上に、まるで人間のような意識を持っている者が多いのです。

要するに、人間の姿はしていないけれども、「あなたに急いで会いに来たよ！」と飼い主のもとへやってきたサポーターたちなのです。

驚かれるかもしれませんが、そんな彼らの意識体は人間以上の意識を持っている存在たちも多いのです。

また、修行し悟りを開いた大いなる存在である意識体が、ペットと一緒に協力して、その飼い主をサポートすることもあります。

そんなペットたちは、その飼い主を癒やすだけでなく、その人の魂を成長させたいという使命感も持ってやってきます。

また、ペットの中には、ただカワイイだけに見えるペットであっても、飼い主の心をなごませたり、緩ませたりしているのです。

古来エジプトではクレオパトラが猫を飼い可愛がってきましたが、今ではペットたちの方も進化しており、飼い主に対して、「この人をこの人生で絶対、目覚めさせるんだ！」「この人に愛の素晴らしさに気づいてもらうんだ！」「この人には幸せになってもらうんだ！」という強い使命感を持っているペットたちが多いのです。

さらには、飼い主に病気などがあればそれを自分が受け取ってでも飼い主の方を生かそうとするし、ポジティブなエネルギーも送るという、ピュアで高いエネルギーを持った存在たちなのです。

彼らはまさに、アセンション・サポーターのような存在といっても過言ではないでしょう。

＊大天使ラファエル
キリスト教ではミカエル、ガブリエルと共に三大天使の1人と考えられている。主に癒やし・ヒーリング・治療を担当し、医療関係者やヒーラー、セラピストなどをサポート。エメラルドグリーンの光で人々や空間に癒やしのエネルギーを送るといわれている。

No.10

Seoritsuhime

瀬織津姫（せおりつひめ）

**今こそ「国生み」の力を使う時。
日本神界の神々たちと共に
創造してまいりましょう！**

『古事記』や『日本書紀』には記されていない神であり、神道の祝詞である『大祓詞（おおはらえのことば）』にだけ登場する水の女神で、祓（はら）い清め浄化を司る女神といわれている。瀬織津姫はまた月の女神、海の女神、龍神の化身という説もある。かつての時代の権力者に自らの存在を消された“封印された神”として、その存在は神秘のヴェールに包まれている。

時の権力者に名前を消されても受け入れた私

最初に、私をこのように呼んでくださったことを感謝申し上げます。

現在、未来についていろいろなことがまことしやかに語られておりますが、一番大切なのは、あなたがどうありたいかということです。

他の人があなたのことをどう見ようとも、どのように判断しようと関係ありません。

また、誰かがあなたをどのような世界に誘おうとしても、それはその人の見てい

る世界観なのです。

その未来は、その人の見たい未来であり、その人の願う未来なのです。

大切なことは、あなたがこの時代に勇気を振り絞って降りてきたのはなぜか、ということです。

この私自身も歴史の中で、時の権力者にこの名を消されたり、存在をゆがめられたりしてきました。

そのことで、多くの者たちがそんな私について、その人の気持ちをあれやこれやと語ってきました。

しかし、私にとっては、そのようなことはどうでもよいのです。

では、なぜ時の権力者は、私の名前を消したのでしょうか。

その理由はどうでもいいのですが、1つだけ言えることは、そのような歴史があったからこそ、今のこの時代に、このような形で私が皆さんの前に再び現れてお話しができているということです。

私の名前を消した人は、もしかして、悪意を持ってそれを行ったのかもしれません。

けれども、たとえその人でさえも、きっと誰かに命令されてそうしたのでしょう。

また、〝悪意〟という感情についても、その人の中に「相手を成敗したい」とか「分離させたい」という思いが作り出したものでしょう。

どちらにしても、もし、そのような思いがあったとしても、私には何も問題ではありません。

結果的にそれが起きたのなら、「それを自分の中でどう受け止めて転じていくか」、ということの方が重要だからです。

ただ、自分の魂を信じるのみ

ぜひ、知っておいてほしいことがあります。

それは、あなた方日本人のすべての細胞、ＤＮＡの中に私、瀬織津姫の血が流れているということです。

私と同じようにこの国を選び、今、この時代を選んだ人は、この大きな時の変わり目に何かを求めてやってきた魂でもあるのです。

さあ、それなら、あなたはどうしていきましょうか？

いつの時代も「これが正しい！」とか「それは間違っている！」などと自分の主張が議論されてきただけでなく、予言者たちは「これが起きる」「いや、そうではなく、こうなるはず」などとあれこれ語ってきたものです。

そして、実際に予言したことを実現させるために、多くの者たちの意識を束ねて利用してきた者がいたのも事実です。

また、世の中的には悪の権化のように扱われてきた者だとしても、実は苦渋の決断のもとで本当の真実を語ってきた者がいたのも確かです。

私は、そんなこともずっと見てきました。

そして、「黙して語らず」という立場を私は貫いてきましたが、いずれ、それでも時がくればすべての真実があらわになることを信じているからです。

それが信じるということです。

誰を信じるのでしょうか？

予言者ですか？

いいえ。この時代にこの星に来ることを選んだあなた自身の魂を信じるのです。

私は完全に復活を遂げるために、ここまで多くの歴史を通過してまいりました。あなた方は見えない世界に対して恐れを抱き、見えない未来に対しても不安を抱いています。

でも、あなた方の周囲には、自分たちを見守ってきた多くの存在たちがいることも知っておいてください。

未来に何がやって来ようと、いいではありませんか。

何かチャレンジしなければならないことが起きたとしても、それによって、あなたは自分自身を取り戻し、自分の望む通りの方向に進んでいっていることに気づかれるでしょう。

私、瀬織津姫は最初の時から最後の最後まで、しかとこの世を見届けると決めています。

肉体という限界の中で無限の可能性に挑戦

多くの者が転生を繰り返しながら力を蓄えて特定の相手に復讐(ふくしゅう)を仕掛けたり、また、自分だけが正しいと主張したりしてきましたね。

そのようなことも、もう、十分ではありませんか。

私が願うのは、一人ひとりが新たな年を自分自身の年として創造していってほしいということです。

あなた方の思い描く力を通して、この国を、この世界を幸せへと導いていただきたいのです。

しかし、あなた方に可能であって、私たちにできないことが1つあります。

それは、限りなく無限の可能性を秘めたこの世界において、限りある肉体というものをまとい、私たち神々が「国生み」として、国を創造する時に使った創造力をあなた方は使いこなすことができるということです。

ぜひ、その力を使ってください。

そのために、まずはイメージをするところからはじめてみてください。

かつて、私たちがあなた方に創造するところをお見せしたように。

『古事記』や『日本書紀』、他にも古文書などに記録されてきたこの国の創造の様子は、ただのお手本にすぎません。

あなた方がこれから行っていく新たな創造の参考でしかないのです。

神々と新たな世を共同創造していきましょう

そして、もう1つ大切なこと。
それは、他の人に従うのはおやめなさい、ということ。
声の大きい者についていくのもおやめなさい。
不安から行動を起こすのも、おやめなさい。
その代わりに、あなたの魂から湧き出る思いを表現してごらんなさい。
そのために能力がある、ない、というのは関係ありません。

私たち神々にできないこと。
それは、その重たい身体の感覚の中で、限りなく不自由に見えながらも、その器

を持ちながら思い切り自分の夢を叶えていくことです。

ぜひ、それを存分にやってみてください。

そのような思いを共有できる魂が増えれば増えるほど、新しい国生みが進むことでしょう。

あなただけの国生みを２０２４年から、いえ、もうこの瞬間からはじめていただきたいのです。

その時、はじめて私たちこの日本神界の神々たちも一緒になって、あなた方に寄り添いながら、国生みを共同創造していくのです。

さあ、今ここから、共にやってまいりましょう。

やってまいりましょう。

おわりに

高次元の存在たちが語る未来のシナリオは、いかがでしたか？

それぞれの高次元存在たちが、各々の専門分野からの知識で語っていただきましたが、基本的に共通しているのは、「未来は一瞬一瞬、自分で選んでいける」ということ。

そして、「どのような未来にしたいのか、自分自身で思い描くこと」が重要であるということ。

さらには、「もし、ネガティブな未来が予言されていたとしても、その未来に引っ張られないこと。また、そこに意識を置かない」ということでした。

すでにご存じの人も多いかと思いますが、今、地球は次元上昇の時を迎えています。

要するに、私たちが住んでいるこの地球の母である「マザーガイア」は、今や長い長い眠りからハッキリと目をさまし、新たな世界を目指して次元上昇という舵を本気モードで大きく切りはじめているのです。

しかも、ガイアのお腹の上には、80億人ものまだ幼い乳飲み児たちがしがみついているのですから、彼女はこの世界がはじまった天地開闢（かいびゃく）以来のエキサイティングな大冒険へと出帆したわけです。

かくいうこの私自身も、次元上昇を決意した地球母さんの助っ人として、もう、いてもたってもいられない産婆さんのような気分で、「次元上昇をサポートするぞ！」と地上に降りてきた宇宙魂の持ち主なのです。

そんな私は、マザーガイアである地球母さんの本気の想いを伝えるだけでなく、根気強く私たちを見守ってきた宇宙の仲間たちとつながり、チャネリングを通して皆さんに彼らのメッセージを伝えることが今の自分のお役目です。

また、その際にはライトランゲージの周波数を使いながら、皆さんのスピリットに隠されてきた無限の創造パワーを解き放って発動させることも行っています。


私たちは地上に誕生する時には、誰もが魂の今生のブループリント計画を作って生まれてきます。

その上で、生まれる前には、ご縁のある高次元のガイドたちや、必要な力を貸してくれる光の存在がいる場所に立ち寄りながら、彼らといろいろな〝サポート契約〟を結び、準備万端の状態で地上に降りてきているのです。


それなのに、誕生時にはわざわざ忘却のベールを通り、自分で目隠しをしてしまうという仕掛けをするのですから、どれほど地上での貴重な体験を楽しみにして降りてきた魂なのだろうと思うのです。

私たちは、千人いれば千通りの自分だけの望むシナリオを描いているのです。

それはつまり、思い思いの現実を創造していく魂の力を誰もが持っているということなのです。

今、私たちの霊性は地球母さんの次元上昇の意識に底上げされながら、大きく開花しようとしています。

光も影も、最高も最低も、マクロもミクロも、あらゆる二極が存在する刺激的なこの地球を舞台に、私たちは、高次元の存在たちとの最もエキサイティングな共同創造の時代を迎えているのです。

ちなみに、高次元の存在たちは、私たちが崇めたり、教えを請いたりするような存在ではありません。

彼らは、太古よりずっと一緒に私たちに寄り添い歩んできた宇宙のファミリーであり、これからも力を合わせて未来を開く魂の仲間たちなのです。

だからこそ、そんな彼らは私たちにこう語りかけるのです。

「自分が自分の希望の未来の預言者になれ」と。

さあ、他の誰のストーリーでもない、自分だけのストーリーを強く思い描きながら進んでいきましょう。

これが2024年のはじまりの時に、最も意識していただきたいことです。

最後に、出版の話をすすめてくださったヴォイスの大森さん、たくさんのチャネリングメッセージを、抜群の感性で根気強く形にしてくださった啓子さん、素敵なイラストを描いてくださった由美子さん、デザイナーの小山さん、校閲の野崎さんに心より感謝いたします。

そして、私の魂の仲間たちである愛子さん、山本サトシさん、Mirokuさん、わこちゃん、吉原三鈴さん、ウフィ&ヘヨン夫妻、宇佐見夫妻、モーリー、麗妃さん、しのぶさん、眞理子さん、今日まで出会ってくれたすべての皆さまへ。

本当にありがとうございます！

純子

純子

チャネラー、スピリチュアルカウンセラー。栃木県生まれ。「ライトランゲージ（宇宙語）」を用いて高次元の存在たちや相談者のハイヤーセルフ、スピリットガイドとつながり、魂レベルからの解決を導くチャネリングメッセージを届けるセッションが好評を博している。5人の子どもたちの母親。子育て、介護、ガン克服の経験を生かして「スピ流に自分らしく輝いて生きる!!」を提唱。ライトワーカー講座、女神レッスン、神社リトリート、波動コンサル、スペシャルセミナーを開催中。阪神圏を中心に活動。

公式 LINE
https://lin.ee/9XevVxd

HP
https://kumonoue.info

インスタグラム

Message from（メッセージ フロム）
ソラからのまもりびと
高次元存在11人が語る、地球を生きる人々への未来予測

2024年1月25日　第1版第1刷発行

著　者　　純子

編　集　　西元 啓子
イラスト　藤井 由美子
校　正　　野崎 清春
デザイン　小山 悠太

発行者　　大森 浩司
発行所　　株式会社 ヴォイス　出版事業部
〒106-0031
東京都港区西麻布 3-24-17 広瀬ビル
☎ 03-5474-5777（代表）
📠 03-5411-1939
www.voice-inc.co.jp

印刷・製本　旺文社印刷 株式会社

ISBN978-4-89976-561-5